사랑이 지금이라고 말한다

사랑이 지금이라고 말한다

한범수 에세이

책구름

틈마다 사랑을 가득 담고 싶습니다

돌고 도는 세상사.
의식하건 못하건 세상은 숱한 이야기를 끊임없이 쏟아냅니다.
무심한 마음으로 세상살이하려고 해도,
손톱 밑 가시 같은 작은 일에 상처받고 힘들어합니다.

마음 따뜻하게 어루만져주는 햇살이 더 좋고,
어깨 늘어진 사람의 뒷모습을 보면 토닥여주고 싶습니다.
세상을 바라보는 다양한 시선, 그 시선에
고운 마음, 상대를 배려하는 마음이 가득하면 좋겠습니다.

오늘 끝날 세상이 아닙니다.
내가 죽어도 세상은 제 갈 길을 갑니다.
조금이라도 상처가 덜 나는 세상,
다양한 시선을 존중하고, 상대를 할퀴는 거친 시선이
봄볕처럼 부드러워지면 좋겠습니다.

사랑하는 사람을 그리워하는 마음.
그건 잠시의 틈도 만들지 않습니다.
보고 싶어 하고 또 보고 싶어 합니다.
커피 마시는 눈빛을 바라보며
그 눈빛에 취하고 싶어 합니다.
여러분의 틈은 어떠한지 묻고 싶습니다.

일하는 틈, 공부하는 틈, 노는 틈
수많은 지금의 틈이 있습니다.
그 틈에 사랑을 가득 담고 싶습니다.
사랑이 넘쳐서 틈이 메워지고
온 세상이 사랑으로 가득 차도록 그렇게
사랑을 담고 싶습니다. 사랑합니다.

목차

2부
당신을 놓고 싶지 않아 자꾸자꾸 글자를 늘여갑니다

3부

사랑이 지금이라고 말한다

1부

오늘은 나그네, 나는 길을 간다

길을 걷습니다.

인생이라는 길을 걸어갑니다.

길에서 사랑을 꿈꿉니다.

세상의 꿈이 길에 소복이 내려앉았습니다.

길을 걷습니다.

사랑에 목말라하며 인생이라는 길을 걷습니다

당신의 발걸음이 보입니다.

시로 당신을 먹었습니다

시(詩)

어느 날 나도 모르게 시를 쓰고 있었습니다
시(詩)인 줄 몰랐습니다
가슴에서 울려 나오는 말을 그냥 내뱉었습니다
사람들이 시라 했습니다
그래서 시라고 생각했습니다

시가 뭔가요?
잘 모릅니다
시가 뭔가요?
잘 모릅니다

눈물이 날 것 같은 내 마음
무엇인가 토하지 않으면 안 될 것 같은 내 마음
햇살이 고와서 그 안으로 들어가고 싶어 하는 내 마음
물 끓는 소리에 취해 마음을 적었습니다.

시는 뭔가요?
가슴입니다
시는 뭔가요?
영혼입니다

어린 시절 교실 뒤편에 걸려 있던 동시 한 편이 생각납니다
'두부 장수 종소리는 딸랑딸랑'

시는 특별한 사람만 쓰는 거로 생각했습니다

시는 상징입니다
시는 압축입니다
시는 이미지입니다

시는 뭔가요?
운율입니다
시는 뭔가요?
내 마음의 그림입니다

시는 가슴이고 영혼입니다.

학창 시절, 여백만 있으면 끼적끼적 글을 적었습니다. 뒤돌아볼 미련조차 없었는지 메모한 흔적은 어디론가 사라졌습니다. 치기 어린 시절이라 그랬겠지만 그때는 어려운 말을 많이 썼습니다.

30대 때는 사는 데 정신 팔려 흔적을 남기지 않았습니다. 오로지 일과 관련된 보고서만 썼습니다. 간혹 하나둘 쓴 글은 한 해를 돌아보거나 아들이 태어나고 딸이 태어났다는 소회 정도입니다.

40대 들어 다시 쓰기 시작했습니다. 눈에 보이는 세상을 바라보며 느낀 것을 적었습니다. 시라면 시, 시가 아니라면 아닐 시였습니다. 30대에는 빨리 40대가 되고 싶었습니다. 든든하게 세상을 지탱할 수 있는 나이, 세상 사람들로부터 인정받는 나이라고 생각했습니다. 정작 40대가 되니 더 바빠졌습니다. 나이가 들수록 가장의 무게는 더 무거워졌습니다. 틈틈이 시를 썼고 시와 대화하며 내면을 다졌습니다.

우리는 많은 것을 잃어버리며 삽니다. 기억을 잊으며 살고 지나간 시간을 잃어버리며 삽니다. 아직 다가올 인생의 시간이 많다고 위안하며 삽니다.

나무는 고목이 될수록 속이 텅 비어갑니다. 더해지는 삶의 무게만큼 비워야 할 게 많습니다. 무엇인가 이루었다고 생각하는 순간, 아무것도 아님을 깨닫습니다. 얻는 게 있으면 잃어버리는 것도 있습니다. '잃어버리는 기야, 버리는 기야, 그냥 그렇게 사는 거야!'라며 세상살이합니다. 그래도 뭔가 아쉬워 글을 끼적입니다. '시'입니다. 마음의 고백입니다.

생멸하는 수많은 이야기, 눈에 보이는 세상, 마음으로 들어오는 작은 속삭임을 적습니다. 누가 읽든 안 읽든 상관없습니다. 시의 주인은 나입니다. 시의 독자는 나입니다. 어쩌다 누군가 읽어주면 다행입니다.

시를 씁니다. 세상의 희로애락이 가슴을 흔들 때마다 시를 씁니다. 느낄 수 있어서 고맙고 잃어버릴 수 있어서 고맙습니다. 시를 쓸 수 있어 고맙습니다.

시간이 흐르면 감각이 무디어지고 동작도 둔해집니다. 아가의 보드라운 피부는 온데간데없고, 주름이 지나온 세상살이 흔적을 보여줍니다. 세상의 흔적이 이끼 끼듯 낍니다. 나이가 들어도 감성이 사라지지 않았으면 합니다. 기쁠 때 기뻐하고 슬플 때 슬퍼하고 싶습니다. 시와 더불어 살고 싶습니다.

사람의 인생을 표현해봅니다. '사람이 태어났다. 사람이 살았다. 사람이 죽었다.' 더 짧게 줄이면, '사람이 살다 죽었다.'입니다.

세상의 중심은 누가 뭐래도 '나'입니다. 눈에 비친 세상, 수많은 이야기, 감정의 터럭이 수시로 생겼다 사라집니다. 아무 일 없었다는 듯이. 눈으로 들어오는 세상이 비디오 영상처럼 쌓입니다. 이야기가 쌓이는 동안 기록의 주인공, 기록의 조연이 한 명씩 사라집니다. 나랑 아무런 관계가 없다며 삶을 마감합니다. 어느 날 세상에서 자취를 감추면 나는 세상에 없고, 세상은 나를 잊습니다.

시를 씁니다. 세상을 씁니다. 마음으로 씁니다. 오고 가는 날의 흔적이 그냥 사라지는 게 안타까워 시를 씁니다. 마음속에 '휙' 떠오르는 단어를 화두인 양 꽉 움켜쥐고 시를 씁니다.

어린 시절, 밤하늘에 은하수가 흘렀습니다. 엄마 품에 안겨 옛날이야기 들으며 바라본 은하수가 생각납니다. 까만 눈동자에 은하수가 숨어들었습니다. 요새는 밤하늘의 별을 볼 수 없습니다. 하늘 높은 줄 모르고 솟아오르는 빌딩과 아파트가 하늘을 작게 만듭니다. 하늘에 있던 별이 모두 지상으로 내려와 인공의 불빛을 쏟아냅니다. 우리는 이렇게 삽니다. 알퐁스 도데의 '별'을 잊고 삽니다.

그래도 행복합니다. 사랑할 수 있어서 행복합니다. 뜨거울 수 있어서 행복합니다. 아플 수 있어서 행복합니다. 쓸쓸해 할 수 있어서 행복합니다. 눈물을 흘릴 수 있어서 행복합니다. 감정이 화석처럼 굳지 않아서 행복합니다.

사랑하는 사람을 생각하며 오늘을 보냅니다. 시 쓰는 마음으로. 시를 먹습니다. 배부르게. 배 터지도록 먹습니다. 사랑합니다. 고맙습니다. 그리워할 수 있어서 고맙습니다. 아무도 보지 않을 글을 이렇게 토해낼 수 있어서 고맙습니다. 마음의 별을 밝힙니다. '시'라는 이름으로. 사랑합니다. 당신을. 시로 당신을 먹었습니다. 시가 그리하였습니다.

중독

곡을 씁니다. 느낌이 오는 대로 음표를 찍고 가사를 적습니다. 한 칸 적고 또 한 칸 적습니다. 제대로 소리가 날까? 이렇게 마구 음표를 찍어도 되나? 화성학도 모르면서……. 그러나 아무래도 좋았습니다. 마음이 음표를 찍으라고 해서 찍었고, 그걸 오선지에 옮겨 적었습니다.

느낌이 사라질까 두려워 마음의 입김을 호호 불며 오선지에 음표를 그립니다. 눈으로 보고 귀로 들으며 상상에 빠집니다. 소리에 홀로 취합니다. 벚꽃이 흐드러지게 피고, 새가 날고, 비가 내리고, 바람이 붑니다. 누군가의 외로운 발자국이 아득하게 멀어집니다. 매일 새벽마다 오선지에서 춤을 춥니다. '중독'이라는 단어를 껴안습니다.

정신이 돌아오면, 음표가 오선지에 착 달라붙습니다. '나 움직이지 않을 거야, 그냥 이대로 둬!'라고 말합니다. 누군가에게 보여주는 게 민망합니다. 음표가 비틀거리며 쓰러집니다. 음표를 살려줄 오혜란 편곡 선생을 만났습니다.

"정식으로 작곡을 공부한 사람은 이렇게 곡을 쓰지 않아요. 그렇지만 형식에 얽매이지 않는 상상력은 돋보여요. 악보를 잘못 기록한 것만 바로 잡으면 좋은 작품이 될 것 같아요."

편곡 선생의 고행이 시작되었습니다. 처음으로 편곡한 곡은 'Missing You'입니다. 지인이 미술 작품 전시회에 붙였던 주제입니다. 언젠가 그가 자신의 가족사에 관해 들려주었던 이야기가 떠올랐습니다. 영국에 있을 때 음악 하던 동생이 세상을 떠났고, 다음 날 자식 잃은 슬픔을 이기지 못한 아버지마저 돌아가셨습니다. 이쑤시개로 만든 의자를 그림 위에 얹힌 작품으로 구성된 전시회 도록을 받고, 무엇인가 해야 할 것만 같았습니다. 그날 새벽에 쓴 곡입니다.

Missing You, Missing You, Missing You
그대의 부재, 보이지 않는 그대, 침묵만 흐르고

빈 의자만 달랑 남아 있습니다.

Missing You, Missing You, Missing You

그대가 보고 싶습니다.

한 방울 눈물이 흐릅니다.

전시회 오픈 날, 소프라노 색소폰으로 이 곡을 연주했습니다. 경기대학교 박물관 음악회 때는 고인이 된 성악가 나윤규가 묵직한 베이스 음으로 불렀습니다.

두 번째 편곡한 곡은 '프라하의 여인'입니다. 1996년, 처음 체코 프라하를 찾았습니다. 해가 저물고 가로등에 불이 들어올 무렵, 카를교 위에서 흰색 옷을 입은 시각장애 여인이 노래를 부르고 있었습니다. 나그네의 외로운 마음을 다독거리듯 밤하늘로 퍼지던 노래가 지금도 귀에 생생합니다. 다음 해 다시 카를교에 갔습니다. 혹시 그 여인을 만날 수 있을지. 여인은 없었습니다. 10년이 지난 뒤 2007년, 세 번째 방문했습니다. 같은 자리에서 기타 치는 여인을 보았습니다. 1유로를 기타 가방에 넣고 한참 듣다가 그 여인의 모습을 사진에 담았습니다. '프라하의 여인'은 시각장애인 여인의 조, 기타 치는 여인의 조로 구성되어 있습니다. 웨스턴 심포니 오케스트라(지휘자 방성호)가 이 곡을 연주하고 소프라노가 노래를 불렀습니다.

세 번째로 편곡한 곡은 '샌프란시스코를 떠나며'입니다. 생애 첫 자작곡입니다. 샌프란시스코 공항에서 귀국하는 비행기를 타고 잠을 청했는데, 잠이 오지 않았습니다. 색소폰으로 즐겨 부르던 'I Left My Heart in San Francisco'가 생각났습니다. 낙서하는 기분으로 종이에 오선지를 긋고 '샌프란시스코를 떠나며'라고 제목을 붙였습니다. 제목과 조를 정하고 한 마디씩 음표를 찍고 가사를 붙였습니다. 귀국 후, 대중음악 작곡가인 색소폰 선생에게 손으로 쓴 악보를 보여주었습니다. "직접 쓰신 거 맞으세요? 이번 기회에 곡을 써보시지요." 그의 말에 용기를 얻어 악보 작성 프로그램인 피날레 사용법을 터득하고 마구잡이로 곡을 쓰기 시작했습니다.

네 번째로 편곡한 곡은 비행기 안에서 '샌프란시스코를 떠나며'에 이어 곧바로 썼던 '라스베이거스로 가는 길'입니다. 편곡한 곡은 원곡과 분위기가 많이 달랐습니다. 거친 느낌이 탈색되고 몽환적인 느낌으로 바뀌었습니다. '어! 이런 느낌도 나올 수 있네!' 하며 피날레 음에 귀 기울였습니다. 눈이 풀리고 몽롱해지더니, 몸의 근육마저 풀리는 듯했습니다.

다섯 번째로 편곡한 곡은 'Music for Trudy'입니다. 곡을 쓰다 보니 대부분 마이너 곡이었습니다. 기존의 아련한 감정을 벗어나 밝고 신나는 곡을 써보고 싶었습니다. 아주 먼 옛날

호랑이 담배 피우던 시절, 동화 같은 이야기를 표현하고 싶었습니다. 편곡 결과는 만족, 대만족이었습니다. 엄지와 장지를 붙였다 뗐다 튕기며 리듬을 타는 도입부의 '둠 두비 두바'는 정말 멋진 발상이었습니다.

편곡해서 받은 여섯 번째 곡은 학교 동아리 밴드가 연주하면 좋겠다고 생각하며 쓴 곡입니다. 어느 날 잠에서 깨어 10분 만에 후다닥 썼습니다. 편곡 선생이 어쿠스틱 기타, 일렉 기타, 베이스 기타, 신시사이저 등의 악기를 집어넣자 멋진 음악이 되었습니다. 읊조리듯 소소한 일상을 들려주는 여인의 해맑은 목소리가 곡 안에 가득했습니다. 누군가 멋지게 노래를 불러주면 좋을 텐데, 기회가 있을지 모르겠습니다.

자정이 훌쩍 넘어 도착한 일곱 번째 곡은 'Soprano in My Mind'입니다. 알토와 테너 색소폰만 불다가 소프라노 색소폰을 샀습니다. 알토 색소폰에 빠져서 정작 새로 마련한 소프라노 색소폰은 불지 않았습니다. 내가 나에게 보내는 선물의 의미로, '내 마음속의 색소폰 곡'을 만들어보고 싶었습니다. 이 곡을 쓰고 소프라노 색소폰을 다시 불어봤지만, 제대로 소리가 나지 않았습니다. 언젠가 소프라노 색소폰으로 연주하고 싶습니다.

소프라노 아름다운 소리

내 마음을 울립니다.

소프라노 아름다운 소리

가슴 시리게 파고듭니다.

새벽의 정적 나른한 오후

소프라노 아름다운 소리

내 영혼을 깨웁니다.

소프라노 소프라노 소프라노

색소폰 소리.

"복숭아뼈가 검게 물들어가고, 등에 날개가 돋고 있습니다. 새벽이 밝도록 편곡하다 보면, 지쳐서 아무것도 할 수 없어요. 그런데, 다음 날이 되면 또 다른 곡을 손보고 있어요. 편곡에 중독된 것 같아요."

편곡 선생이 편곡 후기를 보내왔습니다. '중독' 맞습니다. 그렇습니다. 사실 자작곡이라 이름 붙이기도 민망한데, 못난 곡에 생명을 불어넣느라 편곡 선생이 밤을 지새웁니다. 편곡은 원곡의 부족한 부분을 채워주고, 다양한 악기가 연주할 수 있도록 만드는 과정입니다. 고수가 아니면 할 수 없는 힘든 작업입니다.

원곡자는 편곡한 곡을 듣고 싶어, 매일 새벽이 움트길 기다립니다. 편곡한 곡을 메일로 받는 기쁨은 이루 말할 수 없습니다. 엉성했던 곡이 여러 악기에 맞춰 가슴을 울립니다. '중독'이라는 단어를 가까이하면 안 되는데 이 단어를 꼭 껴안았습니다. 음표가 방안에 울려 퍼집니다. 오늘은 어떻게 편곡될지 궁금해 하며 기다립니다.

오늘 오전에는 밀린 원고를 써야 합니다. 오후에 미루었던 치료를 받으려고 합니다. 늘 해야 할 일이 쌓이고 싸여 어깻죽지에 짝 달라붙어 있습니다. 몸은 천근만근 무겁지만 내심 즐기고 있습니다. 새벽마다 쏟아지는 음표에 취해, 중독이라는 단어에 취해, 음악과 사랑을 나누고 있습니다. 언젠가 이놈을 떨쳐버리고 표표히 또 다른 놈을 찾아 떠날지 모릅니다. 컴컴했던 새벽이 환해집니다.

타버린 편지

새벽, 음악을 듣습니다. 미샤 마이스키가 첼로를 연주하고, 파벨 길리로프가 피아노 반주한 보칼리제 앨범의 '러시안 로망스' 입니다. 세자르 구이의 '타버린 편지(The burned letter)'를 듣고 또 듣습니다. 아주 귀에 익어서 곡명에 관심을 두지 않고 그냥 듣기만 했던 곡입니다. 가슴을 애잔하게 흔듭니다. 금방 눈물이 흐를 듯 눈가가 촉촉해집니다.

잔잔한 공간을 맴도는 첼로의 울림이 사랑하는 연인의 뺨을 어루만지고 귓불을 어루만집니다. 숨이 멎은 듯, 발걸음을 내딛는 피아노 소리가 힘겹게 써 내려간 글씨처럼 느껴집니다.

편지에 불이 붙고 세자르 쿠이의 눈물이 볼을 타고 흐릅니다. 마른 종이에 눈물 한 방울 툭 떨어집니다. 편지가 아프다고, 사랑이 아프다고. 가슴을 부여잡고 소리 없는 눈물이 흐릅니다. 시간이 흘렀는지 피아노의 건반 소리가 문 저편으로 사라집니다.

'왜 이런 곡을 썼을까? 세자르 쿠이가 연인으로부터 헤어지자는 통보를 받았을까? 그 연인과 헤어질 때의 마음이 이러했을까?'

'타버린 편지'라는 곡명이 헤어지고 싶지 않은 연인을 떠나보낸 진한 슬픔으로 다가옵니다. 차라리 대성통곡이라도 하고 나면 속이 후련할 텐데. 목젖을 부여잡고 가슴을 쥐어뜯으며 누가 들을세라, 누가 볼세라, 눈물을 훔치며 편지를 태우는 한 사내의 모습이 보입니다.

사랑하는 연인으로부터 헤어지자는 통보를 받은 여인이 있습니다. 멀리서 들려오는 교회 종소리를 들으며 펄럭이는 치맛자락 사이에서 편지 더미를 꺼냅니다. 종달새 울던 봄날, 비 맞으며 푸른 길을 걷던 여름날, 붉은 단풍이 불타는 사랑처럼 느껴지던 가을날, 세상의 나뭇가지가 앙상해져 바람 소리 가득하던 겨울날, 어깨를 감싸주던 연인의 체온이 더는 존재하지 않음에 먹먹한 울음을 토해내며 편지를 태우는 것은 아닌지. 비 내리는 아침, 첼로 선율을 들으며 감성 여행을 떠날 수 있어 행복합니다.

비가 오면 떠오르는 순간이 있습니다. 대학 1학년 때, 여자 친구와 둘이 우산을 하나 받쳐 들고 종각에서 신촌으로 효자 동으로 온종일 걸었습니다. 어깨 한쪽이 비에 다 젖었지만 괜찮았습니다. 우산 속에서 노랫소리가 흘러나왔습니다. "거리에 찬 바람 불어오더니 한 잎 두 잎 낙엽이 지고……." 그녀의 목소리가 귓가에 울립니다. 손 한 번 잡지 않은 채 온종일 걸었습니다. 얼마 후 종로 뒷골목 '율목 다방'에서 이별 통보를 받았습니다. 자기보다 더 좋은 친구를 사귀라는 말을 남기고, 파고다 공원으로 미팅하러 갔습니다. 남은 대학 1학년의 날들이 어두워졌습니다.

창밖을 봅니다. 여전히 비는 내리지만 하늘이 밝아졌습니다. 비 오는 날, 창 넓은 카페에서 따뜻한 커피 한 잔 마시는 상상을 합니다. 어떤가요? 편지 꾸러미를 태워버린 추억을 떠올리셨나요? 비가 내립니다. 타버린 사랑의 비가 내립니다.

남도 길 여행

어깨짐 훌훌 털고 풀린 시선으로 길을 떠납니다. 새벽안개 사이로 피어나는 세상, 앙상한 나뭇가지는 아직도 겨울잠을 잡니다. 살금 걸음으로 시침이 두어 바퀴 흐릅니다. 차창 안으로 햇살이 들어옵니다. 길이 굽이치며 흐릅니다. 산이, 마을이, 사람이, 보이다 안 보이다 합니다.

문둥이 시인 한하운은 그의 시 '전라도 길'에서 남도 여정을, "가도 가도 붉은 황톳길 숨 막히는 더위뿐이더라."라고 했습니다. 성치 않은 몸으로 뜨거운 햇살 받으며 다시 돌아올 수 없을지 모를 길을 가던 한하운 시인과 남도길을 동행합니다.

숨 한번 들이켜면 어디든 갈 수 있는 세상입니다. 사람들은 '더 빨리!'를 외치며 삽니다. 이 나라에서 일어난 일이 금세 다른 나라로 이어집니다. 삶은 저마다 제각각입니다. 누구는 풍족하고 누구는 힘겹습니다. 마실 물이 없어 오염된 물을 마시고 먹을 게 없어 생명을 재촉하는 삶을 삽니다.

나무에 물이 오르는 듯 봄기운이 사방에 가득합니다. 한하운 시인이 노래한 '붉은 황톳빛'은 보이지 않습니다. 시인은 노래합니다. "앞으로 남은 두 개의 발가락이 잘릴 때까지 가도 가도 천 리 먼 전라도 길"이라고. 그 길을 가는 시인의 마음은 어떠했을지. 소록도까지 동행하지 못하는 게 아쉽지만, 빛고을 광주에서 하룻밤 머물다 가려고 멈췄습니다.

광주 광산구 월봉서원에서 '살롱 드 월봉' 강연을 겸해 색소폰을 불어달라는 부탁을 받았습니다. 꽃샘추위로 덜덜 떤 게 엊그제 같은데 월봉서인은 봄기운이 가득했습니다. 가야금 연주로 프로그램이 시작됐습니다.

"지구를 떠나거라!"라는 말을 유행시켰던 개그맨 김병조 선생의 '명심보감' 강의가 이어졌습니다. 선비의 후인으로 대쪽 같은 삶을 살아야 했는데, 잠시나마 자존심을 지키지 못한 적이 있다고 고백했습니다. 어려운 집안 사정에도 자신의 공부를 위해 희생했던 어머니와 누님 이야기를 하며 복받치는 눈물을 참느라 애쓰는 모습이 역력했습니다. 이날 김병조 선생이 한쪽 눈을 실명했음을 알았습니다. "다른쪽 눈이 있는데 왜 슬피 우냐!"라는 부인의 질책에 용기 내어 세상 밖으로 나왔다고 할 때 울컥했습니다. 한차례 깊은 감동이 휘몰아치고 간 월봉의 밤, 고봉 선생이 거닐었을 백우정 근처에 매화 향기가 번졌습니다.

월봉에 머문다는 소식을 듣고 제자가 곧 결혼할 이와 함께 찾아왔습니다. 2000년에 만난 홍미숙입니다. 의대를 다니다가 우리 학과에 입학했습니다. 이후 다시 한의대로 진로를 변경했지만 사제의 연을 이어오고 있습니다. 두 사람의 결혼식 주례를 맡아 달라는 청을 받았습니다. 월봉의 밤이 깊어갔습니다.

다음 날 이른 새벽, 월봉서원을 떠났습니다. 곡성군 기차마을에 도착했습니다. 1999년 첫 인연이 떠오릅니다. 곡성군을 방문해달라는 연락을 받고 찾아갔습니다. 곡성군이 어디쯤인지, 곡성군이 무엇으로 유명한지 전혀 몰랐습니다. 전라선을 직선화하면 쓸모가 없어지는 구간을 활용할 수 있도록 도와달라는 부탁을 받았습니다. 그렇게 시작한 프로젝트가 '곡성군 기차마을'입니다. 국내에서 처음으로 '레일바이크' 아이디어를 곡성군에 제안했습니다. 이후 영화 '태극기 휘날리며' 촬영지로 더욱 유명해졌습니다.

지방자치제 시행 이후 전국의 지자체가 앞 다투어 관광 개발사업을 추진했지만, 제대로 성과를 낸 곳은 그리 많지 않습니다. 매년 좋은 성과를 거둔 곡성군은 '한국 관광의 별' 관광 대상을 받았습니다. 주변을 둘러보는 동안 곡성 기차마을 계획을 추진했던 고현석 군수, 최광주 선생 등의 모습이 스쳤습니다.

다음 날, 섬진강 고운 물길 따라 느릿느릿 길을 떠났습니다. 아침 햇살 받은 섬진강이 고운 빛으로 피어났습니다. 섬진강 시인의 모습이 떠올랐습니다. 해가 높이 솟았습니다. 섬진강 물빛이 은색으로 반짝였습니다. 봄기운이 강가에 가득했습니다. 청매화는 의연하게, 홍매화는 수줍게, 산수유는 좁쌀 빛 색감으로 봄을 전하고 있었습니다.

지리산을 등에 지고 그 안에 살포시 잠겨 있는 화엄사에 도착했습니다. 일주문을 지나 경내로 접어들수록 고찰의 장엄한 모습에 시선을 뗄 수 없었습니다. 화엄사는 부처님 진신사리를 모신 곳입니다. 6·25 때 빨치산의 은거지가 될 수 있다며 화엄사를 소각하라는 명령이 떨어졌습니다. 故차일혁 경무관이 "절을 태우는 데는 한나절이면 충분하지만, 절을 세우는 데는 천 년 이상의 세월도 부족하다."라며, 문짝을 뜯어 태우는 것으로 명령을 대신했다는 유명한 일화가 있습니다. 그는 이 일로 감봉 처리를 받았습니다.

각황전 주위에 홍매화가 피었습니다. 고목이 된 홍매화, 그 꽃이 붉디붉어 흑매화라고 부르기도 합니다. 매화가 피어날 무렵이면 사람들은 화엄사 흑매화를 떠올립니다. "화엄사 흑매화를 봐야 매화를 본 것"이라는 세간의 이야기가 허언이 아님을 실감하며, 천년 고찰의 아침 풍경을 가슴에 담았습니다. 섬진강이 흐르고 있었습니다.

4월의 화음

갈증이 납니다. 물을 먹어도 갈증이 가시지 않습니다. 갈증을 즐깁니다.

자작곡 'Missing You'를 관악곡으로 편곡한 악보 뭉치를 들고 고등학교 '윈드 오케스트라' 연습장에 갔습니다. 연습에 몰두해 있는 사람 수를 헤아려봅니다. 지휘자까지 25명. 평소보다 참석 인원이 적다고 합니다. '맘마미아'가 울려 퍼집니다. 백발의 연주자부터 꽁지머리 연주자에 이르기까지 모두 음악에 푹 빠져 있습니다. 젊은 지휘자의 지적에 고개를 끄덕이며 조금이라도 더 잘하려고 애쓰고 있었습니다.

그들을 바라보는 나는 손님입니다. 행여 흐름을 깨뜨릴까 걱정되어 조심스럽게 지켜봤습니다. 잠시 후 그들에게 준비한 악보를 건네주었습니다. "초연이네!" 누군가 말했습니다. 'Missing You' 연습이 시작되었습니다.

2분간 각자 준비 연습을 한 뒤, 지휘자의 손끝에서 단원의 소리가 하나로 엮어지기 시작했습니다. 아직 곡에 대한 이해도 없고 낯선 곡이라 소리가 어우러지지는 않았지만, 악보의 첫 음이 울리자 섬광처럼 희열이 스쳤습니다.

연습이 중간에서 멈췄습니다. 편곡에 표시된 악기 연주자가 많이 불참해서 연습을 더 이어가는 게 무의미했습니다. 정기공연 연주곡으로 최종 채택되려면 악장, 지휘자 그리고 단원들 간 합의가 필요합니다. 지휘자에게 악보를 메일로 보내기로 하고 발걸음을 돌렸습니다.

가슴에 수많은 음표가 스치고 지나갑니다. 귀로 들려오는 소리, 마음으로 들려오는 소리, 엇박자로 엉키는 소리가 제멋대로 춤을 춥니다. 훌륭한 연주라도 듣는 이의 마음 상태에 따라 다르게 들립니다. 연주도 마찬가지입니다. 평소 잘 연주하던 곡도 마음이 심란하면 흐트러집니다.

늦은 시간 음악실에 들렀습니다. 일주일만의 연주인데도 소리가 착착 달라붙었습니다. 게리 무어가 타계한 날입니다.

기타리스트 한 선생과 게리 무어의 'Midnight Blues'를 협연했습니다. 이어, 'Sailing', 'I Left My Heart in San Francisco', 'The Rose'를 협연하며 음악에 취했습니다.

기타리스트 한 선생은 무명 밴드에서 오랫동안 연주했습니다. 홀로 딸을 키우며 기타를 가르칩니다. 치아가 많이 빠졌지만 새로 해 넣을 엄두를 못 냅니다. 하루하루 생계를 걱정해야 하는 삶, 그러나 기타 연주에 몰입해 있는 그의 모습은 한없이 행복해 보였습니다.

어울리는 소리, 어울리지 않는 소리, 세상은 여러 소리로 섞여 있습니다. 때로는 어울리지 않는 불협화음에 마음이 끌리기도 합니다. 눈을 뜨자마자 편지함을 열었습니다. 편곡 선생이 보낸 '이런 날' 악보가 도착했습니다. 다시 두근거립니다.

백석과 자야

길상사 맞은편에 있는 보자기 작가 이효재 선생 댁을 방문했습니다. 1층은 보자기 작품 등을 전시·판매하고, 2층은 효재 선생이 기거하는 곳입니다. 외국 대사, 기업인들이 종종 찾습니다. 효재 선생은 보자기 작가, 요리 연구가, 한국으로 시집온 외국인 며느리의 친정어머니 역할을 하고 있습니다. 효재 선생 댁 벽에는 오래된 저고리가 걸려 있습니다. 백석의 연인이었던 자야 김영한 여사가 생전에 입었던 옷입니다.

효재 선생이 베트남 문화원장을 역임한 제자 박낙종 박사의 누이를 자처하며 준비한 출판기념회가 열렸습니다. 효재 선생의 안내를 받아 길상사 경내로 들어섰습니다. 법정 스님이 가톨릭 신자인 최종태 조각가에게 의뢰했던, 마리아 닮은 관음상이 사월의 봄밤을 지키고 있었습니다.

백석의 시 '나와 나타샤와 흰 당나귀'가 생각났습니다. 백석은 마가리를 찾아 응앙응앙 울고 싶다고 했습니다. 이생진 시인의 시, '내가 백석이 되어'처럼, 자야가 그리운 백석이 길상사 앞마당을 서성이고 있었습니다.

백석의 여인 김영한은 1916년 서울에서 태어났습니다. 집안이 어려워 열여섯 살에 병약한 남자에게 팔려 가듯 시집갔는데 신랑이 우물에 빠져 죽었습니다. 이후 김영한은 '진향'이라는 기생 명을 받았습니다. 그리고 스무 살 되던 해에 네 살 위인 백석을 만났습니다.

백석은 함흥 영생여자고등보통학교 영어 교사였습니다. 다른 학교로 진근 가는 교사를 위한 송별식에서 둘은 처음 만났습니다. 문학을 매개로 사랑에 빠진 두 사람.

백석은 진향이 갖고 있던 이태백의 시집 '자야오가(子夜吳歌)'에서 착안하여 김영한을 '자야'로 불렀습니다. 자야오가는 전쟁터에 나간 남편의 무사귀환을 비는 여인의 애타는 심정을 담은 시입니다.

백석은 함흥을 떠나 청진동 자야의 집에서 3년간 동거합니다. 이를 못마땅해 하던 백석의 부모는 백석의 결혼을 서둘렀고, 백석은 결혼식 날 밤 도망쳐 자야를 찾아옵니다. 백석은 자야에게 만주로 도망치자고 했지만 자야는 백석의 앞날을 걱정해 제안을 거절합니다. 상심한 백석은 1939년 만주로 떠났고 남북 분단이 되는 바람에 두 사람은 다시 만나지 못합니다.

평생 백석을 그리워하던 자야 김영한 여사는 1985년 삼청각, 청운각과 함께 3대 고급 요정이던 성북동 요정 '대원각' 7천 평과 40여 동의 집 등, 시가 1천억 원대의 재산을 법정 스님에게 시주합니다. 법정 스님은 거절합니다. 그러나 김영한 여사는 끊임없이 시주 의사를 밝혔고, 1997년 속세의 공간이었던 대원각이 결국 '길상사'라는 도량이 되었습니다. 1997년 12월 14일 길상사 창건 법회가 열렸습니다. 김영한 여사는 길상화라는 법명과 염주를 받습니다.

자야 김영한 여사는 백석의 생일인 7월 1일이면 아무것도 먹지 않았습니다. 그 많던 재산을 시주하면서 전 재산이 백석의 시 한 편만 못하다고 했습니다. 그가 얼마나 백석을 사랑했는지 짐작할 수 있습니다. 1997년 작고한 김영한 여사의 유해는 길상사 경내에 뿌려졌습니다.

효재 선생 집에 걸려 있던 자야 김영한 여사의 저고리가 눈에 선합니다. 아름답고 순수한 여인과 함께 눈 내리는 밤 출출이(뱁새) 우는 깊은 산골 마가리(오막살이)로 들어가고자 했던, 자야를 향한 백석의 사랑에 가슴이 시립니다.

여기는 내 방입니다

어제는 생일이었습니다. 모처럼 가족이 식탁에 둘러앉아 아침을 먹었습니다. 학교에 들러 월요일에 있을 회의 안건을 챙기고 직원 선생들이 준비해준 케이크를 나누어 먹었습니다. 제자 김홍일 박사와 함께 학회가 열리는 강릉 라카이 샌드파인 리조트로 향했습니다.

대관령 양떼목장을 안내하는 조형물이 시야에 들어왔습니다. 수년 전 학생들과 함께 갔던 곳입니다. 갈수록 기억이 희미해집니다. 나이가 들어가는 것을 실감합니다.

2009년 9월부터 2011년 8월까지 사단법인 한국관광학회

20대 회장을 맡았습니다. 그 어느때보다 의욕적으로, 열정적으로 보낸 시기였습니다. 시간이 흘러 22대 김경숙 회장의 주관으로 강릉에서 여름 학회가 열렸습니다. 소리 없이 흐르는 시간, 그 시간이 꼬치처럼 세상사를 엮습니다. 전깃줄에 앉아 짹짹거리는 참새처럼 하루하루를 사는 게 아닌지 모르겠습니다.

오후 3시부터 2개 세션의 좌장을 맡아 진행하고 청중으로 토론에 참여하며, 모처럼 공부하는 학자가 되었습니다. 더 있고 싶었지만, 다음날 오전 대학 본부 회의가 있어서 은퇴하신 은사님을 모시고 총총걸음으로 학회장을 떠났습니다.

태백산을 넘을 무렵 앞이 보이지 않을 정도로 비가 거세게 몰아쳤습니다. 비를 피해 문막휴게소에 들러 국수 한 그릇씩 비우고 나니 비가 멈추었습니다. 돌아오는 차 안에서 은사님과 많은 이야기를 나누었습니다. 선생님은 은퇴하셨고 제자는 어느새 오십 중반을 넘어섰습니다.

집에 도착하니 아들은 라식 수술 뒤 깊은 잠에 취해 있고, 아내는 하루가 힘들었는지 청소하다 소파에 누워있었습니다. 아내 대신 청소기를 돌리고 설거지를 했습니다. 간만에 착한 가장이 되었습니다.

일요일입니다. 도자기 공방, 악기 연습실로 사용하는 화성

시 매송면 숙곡리 '파랑창고'에 들렀습니다. 여름내 묵은 가재도구를 햇볕에 말렸습니다. 라꾸라꾸 침대, 이불, 등나무 의자, 테이블 의자, 색소폰 가방을 햇볕에 말렸습니다. 창고 바닥을 쓸고, 방울토마토, 고추, 참외, 호박을 따고, 늦은 점심을 먹고 나니 잠이 스르르 왔습니다.

텃밭을 살핍니다. 한동안 돌보지 못했습니다. 주인의 빈 마음을 알았는지 가지와 들깨에 벌레가 기승을 부립니다. 벌레가 더 옮지 않도록 낫으로 들깨 밑동을 베었습니다.

흐르는 땀을 손등으로 닦는데 검은색 나비 한 마리가 날아들었습니다. 자태가 범상치 않았습니다. 급히 휴대폰 렌즈를 들이댔습니다. 나비가 한 바퀴 돌고 다시 날아와 앉았습니다. 한 마리 더 날아듭니다. 텃밭의 시간이 흐릅니다. 색소폰을 붑니다. 어둠이 내립니다. '장자지몽'처럼 나비가 날아갑니다. 무궁화꽃이 활짝 피었습니다.

집으로 돌아왔습니다. 음악을 켜고 자판을 두드리며 일을 합니다. 졸음이 스멀거리며 찾아와 잠시 눈을 감았습니다. 잡고 있던 책이 바닥으로 떨어졌습니다. 음악이 흐릅니다. 곡명이 무엇인지 모릅니다. 그냥 듣고 있습니다. 피아노의 맑은 음색에 취합니다. 바이올린 선율이 폐부를 꿰매는 듯 아픕니다. 소걸음처럼 느릿한 첼로의 선율이 엄마 찾는 송아지 눈망울 같습니다.

여기는 내 방입니다. 반세기 넘게 살아온 사내가 등을 대고 누워 있는 방입니다. 슬프지도 않은데 까닭 없는 눈물 한 방울이 왼쪽 뺨으로 흐릅니다.

게으름

언제부턴가 아침형 인간이 되었습니다. 새벽 찬 공기가 코끝을 스치면 눈이 스르르 떠집니다. 정신이 오롯해집니다. 새벽에 머릿속을 스치는 단어가 그날의 화두입니다. 마음이 울리는 대로 그날의 느낌을 적습니다. 앞뒤 재지 않습니다. 그냥 씁니다. 살다 보면 남의 눈을 의식해 가리는 게 많아집니다. 나이가 드는지 더는 그러고 싶지 않습니다.

한때 글솜씨가 빼어난 화려한 글을 부러워했습니다. 이제는 글쓴이만 이해할 수 있는 상징으로 가득한 글보다 편안한 글, 소박한 글이 좋습니다. 군더더기 덜어낸 담담한 글이 좋습니다. 눈에 보이는 세상, 마음으로 보는 세상, 있는 그대로 담고 싶습니다.

시를 쓰면서 상징을 덜어내고 있습니다. 그동안 써왔던 시와 결이 달라져 길을 잃은 것은 아닌지 자문합니다. 버나드 쇼는 그의 묘비에 "나 우물쭈물하다가 이렇게 될 줄 알았다."라고 적었습니다. 정형화된 틀에서 벗어나 하고 싶은 대로 해보려고 합니다. 다시 물음을 던집니다.

'시와 시적 표현의 경계가 뭐지? 그걸 꼭 구분해 하나? 모호함은 어설픔인가?'

학회장직에서 물러나면 특별히 바쁜 일이 없을 것 같았는데 일이 계속 생깁니다. 은근히 분주함을 즐기고 싶었는지 모릅니다. '일 중독' 그놈을 얼싸안습니다. 일이 없는 세상을 꿈꾸면서 막상 일이 없으면 허전해합니다.

모처럼 일찍 잠들었습니다. 눈이 다 떠질 때까지 버팁니다. 긴 베개를 끌어안고 게으름을 피웁니다. 요즘 일컫는 '잉여 인간'의 모습입니다. 배가 고픕니다. 출출하다는 생각이 강해집니다. '뭐 먹을까?' 하는 생각이 커집니다. 게을러지고 싶다는 생각이 조금씩 수그러듭니다. 속으로 주문을 외웁니다. '조금만 더 버텨보자!' 베개를 한껏 끌어안은 채 이리저리 뒹굴뒹굴합니다. '나는 게으름뱅이다! 나는 자유다! 나는 잉여 인간이다!' 이 순간만큼은 '게으름을 피울 권리'를 주장하던 폴 라파르그, 그를 지지합니다.

머리 한편에서 어제 못한 숙제가 떠오릅니다. 논문심사 의견을 보내야 합니다. 해야 할 일이 하나씩 기지개를 켭니다. 그래도 버팁니다. 멍한 시선으로 시간과 공간을 메웁니다.

날이 밝아옵니다. 게으름 피우고 싶은 마음도 이제 끝입니다. 문득 이상의 '날개'가 생각납니다. 고개가 아픕니다. 하품하며 자세를 바꿉니다. 45도 각도로 벽을 봅니다. 천장이 보입니다. 휴대폰을 두드립니다. 손이 아픕니다. 세상의 소리가 들립니다. 글을 쓰고 있어서 행복합니다. 딱히 무슨 글을 써야겠다는 생각도 없습니다. 삐뚤삐뚤 길을 헤맵니다. 횡설수설합니다. 숨소리가 크게 들립니다. 살아 있습니다. 이제 끝입니다.

기차는 8시에 떠나네

감기 기운이 있어서 약을 먹고 연구실 라꾸라꾸 침대에 누웠다가 그만 잠들었습니다. 시계를 보니 밤 11시가 넘었습니다. 집에 가기에도 어정쩡한 시간이라 그냥 연구실에서 자기로 했습니다.

새벽에 잠이 깼습니다. 그리스의 작곡가 미키스 테오도라키스의 곡 '기차는 8시에 떠나네(To Treno Fevgi Stis Okto)'를 듣습니다. 아그네스 발차가 부른 곡이 원곡이지만, 조수미가 부른 곡은 가사를 음미할 수 있어 좋습니다.

기차는 8시에 떠나가고, 함께 나눈 시간은 밀물처럼 멀어집니다. 그대는 오지 않고, 가슴 속에 아픔만 남긴 채 홀로 앉아 있습니다. 이 곡을 듣고 있노라면, 왠지 흑백 톤의 오래된 기차역에서 낡은 가방을 들고 어디론가 떠나야 할 것 같습니다.

남자가 카테리니행 기차를 타고 떠난 후, 여자 홀로 역에 앉아 시간의 애잔함을 안고서 그리워하는 것은 아닌지. 아니면 카테리니에 함께 있다가 혼자 돌아온 여인이 카테리니로 떠나는 기차를 바라보며 아픔을 새기고 있는 것은 아닌지. 테오도라키스가 타려고 했던 카테리니행 기차를 언젠가 타보고 싶습니다.

'돈데 보이'를 듣습니다. 국경을 헤매는 쓸쓸한 영혼, 사랑을 그리워하며 부르는 노래입니다.

슬픈 음악을 들으면 마음이 정화됩니다. 복잡하게 얽혀 있던 일이 하나둘 풀립니다. 색소폰으로 '슬픈 로라', '부베의 연인', '썸머타임' 등을 즐겨 연주합니다. 감정에 몰입해 연주하다 보면 마음이 치유됨을 느낍니다. 어려운 일, 무거운 일. 시간이 지나면 모두 아무 일도 아닙니다.

사람이 가진 오묘한 감정 중 하나가 슬픔, '비(悲)'입니다. 음악은 상처받은 영혼을 치유하기도 하지만 때로는 죽음으로 내몰기도 합니다.

1935년 헝가리에서 '글루미 선데이'가 레코드로 발매되었을 때, 이 곡을 듣고 187명이 자살했습니다. 글루미 선데이는 헝가리 피아니스트 레조 세레스의 곡으로, 원제는 '슬픈 일요일'이라는 뜻입니다. 1936년 4월 30일 파리, 세계적인 지휘자 레이 벤추라가 지휘하는 오케스트라가 글루미 선데이를 연주할 때, 드럼연주자가 벌떡 일어나 자신의 관자놀이에 권총을 당깁니다. 이후 이 곡을 연주한 단원 모두가 자살합니다. 역사적으로 우울한 시기여서 그랬을 수 있습니다.

어디론가 떠나고 싶습니다. 유목민의 피가 숨 쉬고 있는지, 바람을 일으키며 지평선 너머로 달려가고 싶습니다. 흘러가는 시간, 어느 구석엔가 남아 있을지 모르는 그리움, 추억, 아픔을 되새김하면서 축 처진 어깨로 낡은 가방 하나 들고 떠나고 싶습니다. 마치 '기차는 8시에 떠나네'의 한 장면처럼. 하늘, 바람, 별, 풀, 돌. 우리를 감싸고 있는 세상, 이 안에서 살아 있음을 느끼며 나그네 발길을 재촉하고 싶습니다.

오늘은 나그네, 나는 길을 간다

길을 간다
길을 떠난다

갈 곳이 어디인지
나는 어느 길에 있는지
그 길이 나를 따르고
길이 나를 젖히고
나는 길 속에서 길을 잃는다

나는 나그네
오늘은 나그네
내일은 어디에 있을까
낯선 곳에서
갑자기 길을 잃어버려
무망해하는 나
밤하늘의 북극성
남쪽을 향하는 나뭇가지
방향을 가늠하며
외로워지는 마음
그 마음의 끈을 부여잡고
꿋꿋하게 길을 걷는다

친리만리 먼 길
그 옛날 선인들은
이곳을 어찌 찾았을지
걷고 또 걷고
발이 부르트고
가슴 속에서 울음이 터지고
밤하늘에 번지는 사나운 소리

어찌 견디었을지

바람은 얼마나 매서웠을지

하늘길 가로질러

깜빡 졸고 도착한 이 길

그래도 나그네 되니

마음은 외로운데

그때는 어떠했을지

오늘은 나그네

내일은 또 무엇을 찾을지

삶이 무엇인지

무엇을 지향하는지

가끔은 길이 아닌 곳을

가고 싶어 하는 마음

아직도 가슴에 열정이 충만한지

진한 외로움에 쌓여

황야를 가로지르며

나는 간다

나는 길을 간다

길을 만들며 길을 간다

나는 나그네

내일도 나그네

나는 간다

외로움을 주머니에 꾸겨 넣고

휘파람 불며 길을 간다.

흑백의 시간

혼자 떠나는 여행을 계절과 색으로 표현하면, 겨울이고 검정입니다. 겨울 세상은 온통 흰빛인데 나그네의 마음은 검정이고 외로움입니다. 어쩌면 나그네는 고독의 색을 만끽하고 있는지 모릅니다. 벨기에 브뤼셀 도심에 앉아 있던 한 노인이 생각납니다. 노인의 사진을 찍고, '고독의 색은 흑백'이라고 사진에 이름을 붙였습니다.

레스토랑으로 걸어가면서 바라본 바깥 풍경. 호텔 밖의 강렬한 빛 때문에 도어맨이 까맣게 보였습니다. 빛이 세상의 사물을 반전시켰습니다. 흑백은 고독의 색입니다. 호텔이 전부 흑백으로 반전되었습니다. 나그네의 마음이 만든 색이었습니다.

모든 색을 다 더하면 검정이 됩니다. 모든 색을 다 토해내면 흰색이 됩니다. 세상의 색을 줄이고 줄이면, 그건 흑과 백입니다. 더하거나 빼는 색, 흑과 백입니다. 길을 떠난 나그네의 몸은 물에 젖은 솜처럼 무겁거나, 바람에 휘날리는 솜털처럼 가볍습니다. 세상의 번뇌가 가득하면 무겁고 그 색은 흑입니다. 세상의 번뇌를 떨치고 해방감에 취해 떠나는 발걸음은 가볍고 그 색은 백입니다.

문득 눈에 들어오는 풍경에 매료되면 다른 모든 것이 사라집니다. 오로지 그 풍경에 빠져 생각이 꼬리를 뭅니다. 아득한 옛이야기가 생각나고, 구멍이 뚫린 것처럼 텅 빈 가슴을 손으로 매만집니다. 모두 덜어내서 아무것도 없어서 허전한 것이 아니라, 이미 아무것도 없있음을 느끼니 삶의 의미를 묻습니다.

나그네에게 왜 떠나냐고 물으면 "왜 이런 질문을 하지? 떠나고 싶으니까 떠나는 거 아니야?"라며, 뜨악한 표정을 지을지 모릅니다.

세상살이 힘겨워서 잠시 벗어나고 싶어 떠나고, 지친 심신을 회복하기 위해 떠납니다. 다시는 돌아오지 않겠다며 무작

정 길을 떠나기도 합니다. 길이 있어서 가고, 길이 없어도 가고 싶은 게 나그네 마음입니다. 나그네의 여정에 펼쳐진 세상의 색이 오로지 흑과 백일지라도. 가늘게 뜬 눈 사이로 옅은 흑색과 덜 옅은 흑색, 더 옅은 흑색이 보입니다. 색의 미묘한 농담을 찾아 나그네는 길을 떠납니다.

자연의 시간은 흑과 백입니다. 어둠이 내리면 세상의 시간은 흑, 날이 밝으면 세상의 시간은 백으로 바뀝니다. 이 세상에 머무는 사람들, 그들의 숨소리가 옅어지고 거칠어져도 세상은 한 번의 쉼도 없이 흑과 백으로 바뀝니다. 하루의 고단함을 어둠에 묻고, 깊은 밤을 지나 새벽닭이 울면 세상은 백으로 바뀝니다.

사계가 있다는 게 얼마나 고마운 지 모릅니다. 봄, 여름, 가을, 겨울 계절이 바뀔 때마다 심상이 바뀝니다. '변화'라는 단어는 용기를 전제로 합니다. 변화하지 않고 있는 그대로이고 싶을 때가 많지만, 낮과 밤의 변화, 계절의 변화처럼 세상의 변화가 있기에 세상살이가 덜 지루한 게 아닌가 싶습니다.

어둠은 쉼의 시간, 무엇인가 그 안에서 일어날 것만 같아 두려운 시간이기도 합니다. "닭의 모가지를 비틀어도 새벽은 온다."는 말처럼, 세상은 끊임없이 변합니다. 흐르는 물이 조금 전의 그 물이 아니듯, 세상은 우리 눈에 보이지 않게 변합니다. 흑과 백의 시간으로.

먹을 듬뿍 찍은 붓을 화선지에 갖다 댑니다. 화선지에 번지는 먹의 농담처럼 흑과 백이 조화를 만듭니다. 작은 우주가 만들어집니다. 그 안에 왕희지의 '난정서'가 피어나고, 구양순의 '구성궁예천명'이 피어납니다. 안진경의 '안근례비', '쟁좌위'가 꿈틀댑니다. 한호의 글, 추사의 글이 흑백의 조화를 다투며 피어납니다.

색을 걷어낸 사진, '이상한 나라의 폴'처럼 시간이 멈춥니다. 흑백 사진은 깊은 맛이 있습니다. 표정이 살아 있어 시간 속으로 여행하게 만듭니다. 흑과 백, 그 다툼과 조화에 시선을 빼앗깁니다.

인생이라는 길을 걷습니다. 오고 싶어 온 세상은 아니지만, 세상사 온몸으로 느끼며 걷습니다. 때로는 어둠이, 때로는 희열 같은 햇살을 느끼며 걷습니다. 인생살이, 늘 좋은 일만 있지 않습니다. 견디기 힘들 정도의 번뇌와 고통이 따르기도 합니다. 끝이 보이지 않는 아득한 길, 그 너머는 어둑어둑합니다. 그 길 너머에 파랑새가 날고 있다고 생각하며 길을 걷습니다.

지난날을 돌아봅니다. 내 길은 어떠했나? 내가 바라본 흑은 어떻고 백은 어떠한지……

산동네 허름한 집이 보입니다. "쌀이 떨어진 건 아닌가? 연탄은?" 하며 조바심 내는 어린아이 모습이 보입니다. 무허가 집을 철거하러 온 사람들이 보입니다. 동네가 울음바다로 바뀝니다. 한차례 태풍이 지나면, 아이들이 등에 벽돌을 짊어지고 올라갑니다. 어른이 사는 세상은 고달플지 몰라도, 아이들은 세상 사람이 모두 그렇게 사는 줄 알았습니다.

산동네에서 뚝섬의 방앗간 집 문간방으로 이사했습니다. 어린 마음에 집주인한테 잘 보여야겠다고 생각했습니다. 다행히 집주인은 좋은 분이었고, 그 집 누나들이 예뻐해 주었습니다. 그렇게 시작한 셋방살이, 헤아릴 수 없이 많이 이사했습니다. 결혼 후 몇 년 만에 첫 집을 장만했을 때, 9층 아파트 거실에 잠자리가 날아들었습니다. 아들은 "집 샀다. 집 샀다~" 노래를 부르며 거실에서 빙글빙글 춤을 추었습니다.

"저 많은 박스 중에 우리 집은 없는 거야?" 아내가 아파트 단지의 불빛을 보며 했던 말이 생각납니다. 집이 없는 셋방살이, 어딘가 정착하지 못하고 떠도는 영혼 같았습니다. 작지만 내 집을 장만했을 때의 기쁨을 잊을 수 없습니다.

지난날을 돌아봅니다. 나는 어떤 사람이 되고 싶었는지. 어떤 삶을 살고자 했는지. 캄캄한 밤하늘의 별을 보며, 비닐하우스에 부는 바람 소리 들으며 집으로 향하던 모습이 떠오릅니다. 내일 무엇이 될지 몰랐습니다. 그저 '지금'이라는 시간을 열심히 살았습니다.

대학을 졸업하고 대학원에 진학했습니다. 좋은 선생님을 만났습니다. 선생님의 모습을 그대로 흉내 내며 따라 했습니다. 1년 365일 중, 350일은 학교에 있었습니다. 가끔 마음이 울적할 때면 인근 공동묘지에 올라 먼 곳의 불빛을 바라보았습니다. '이곳에 잠든 분은 어떤 삶을 살았을까? 인생의 고뇌는 어떠했을까?' 하고 생각했습니다. 멀리 보이는 불빛을 바라봤습니다. '저곳에 다다르려면 어떻게 해야 하나?' 하고 생각했습니다. 불빛까지 직선으로 갈 수도, 이리저리 헤매다 갈 수도 있습니다. 우리네 인생이 불빛으로 가는 길처럼 보였습니다.

대학원 졸업 후 정부 출연 연구기관의 연구원으로 들어갔습니다. 그냥 해도 재미있는데, 월급까지 받으니 일하는 게 정말 즐거웠습니다. 자정 무렵까지 일을 찾아서 했습니다. 대학, 대학원을 마치기까지 학비 걱정에 시달렸고, 매번 융자를 받았습니다. 연구원에 취업해 밀린 융자를 다 갚았습니다. 세상이 조금은 환해진 듯한 느낌이었습니다.

박사과정에 진학하고, 연구원에서 승진하고, 집을 더 넓히는 삶을 살았습니다. 그렇게 나이가 들었습니다. 그러다 대학으로 자리를 옮겼습니다.

누군가에게는 평범한 하루가 누군가에게는 놓치고 싶지 않은 절절한 하루입니다. 누군가는 그 하루를 견디지 못해 스스로 삶을 마칩니다. 세상을 호령하던 정치인, 주체할 수 없을 정도로 재산이 많던 사람도 세상을 뜹니다. '인생살이 뭐 있어? 그냥저냥 살다 가면 되는 거지.'라고 말하면서도, 어깨를 옥죄는 하루의 삶을 힘들어하며 삽니다.

인간만사 새옹지마입니다. 좋은 일이 있으면 나쁜 일이 생김을 경계하며 살라 합니다. 나쁜 일이 있으면 좋은 일이 생길 거라는 희망을 놓지 말라 합니다. 흑과 백, 인생의 시간입니다. 흑만 있는 세상, 어둡습니다. 백만 있는 세상 지루합니다. 하루의 변화가 있듯, 계절의 변화가 있듯 세상살이 그러려니 하며 삽니다.

선글라스를 씁니다. 세상이 갑자기 어두워집니다. 감각이 느려집니다. 인위적으로 만든 세상의 빛. 장막을 칩니다. 빛을 걷어냅니다. 어둠 속에서 손끝이 둔해집니다. 어디가 어디인지 시공을 잃어버립니다. 인간이라는 존재, 생각하기에 따라 한없이 유약합니다.

마음의 어두움은 선글라스를 쓰는 것처럼 우리 자신이 만듭니다. 선글라스를 벗습니다. 흑과 백이 바뀝니다. 당신의 시간을 묻습니다. 흑인지? 백인지? 나의 시간을 묻습니다. 흑인지? 백인지? 답합니다. 지금이 흑이면 백이 되고, 지금이 백이면 흑이 될 거라고.

이차크의 행복한 바이올린

딸아이가 어렸을 때, 장난감 바이올린을 사러 함께 완구점에 간 적이 있습니다. 훗날 딸이 말했습니다. "난 그때 아빠에게 장난감 바이올린을 받아도 되나 하고 망설였어요." 매일 새벽 일찍 나가면 아이들이 잠든 후에 집에 들어갔습니다. 딸이 느끼는 아빠는 어쩌다 보는 낯선 사람이었습니다.

딸아이가 초등학교 4학년 무렵, 발레와 피아노를 하고 있던 아이가 바이올린을 켜고 싶다고 했습니다. 아내는 지금 하는 피아노에 집중하라며 차단했습니다. 풀이 죽은 모습이 안쓰러웠습니다. 집 근처에 있는 악기점에서 저가형 바이올린을 샀습니다.

딸아이가 고등학교 입학하기 직전, 세번 째 바이올린을 샀습니다. 악기를 하나씩 꼭 다루어야 한다는 말을 듣고 인천에 있는 수제 바이올린 제작소를 찾아갔습니다. 선물에 감격하고 열심히 바이올린을 켤 거라는 기대와 달리, 딸은 "어려서부터 바이올린을 켜온 학생들이 많아 경쟁이 되지 않아요."라며 심드렁했습니다. 바이올린 짝사랑은 이렇게 마감되었습니다.

차갑고 찢어질 듯 금속성에 가까운 고음. 바이올린 하면 떠오르는 이미지입니다. 그래서 좋아하지 않았습니다. 클래식에 빠지면서 오케스트라에서 바이올린이 매우 중요한 악기임을 알게 됐습니다. '니콜로 파가니니' 같은 바이올리니스트도 알게 되었습니다. 머리로는 받아들였지만, 여전히 바이올린에 정이 가지 않았습니다.

광화문 시네큐브에서 '이차크 펄만의 행복한 바이올린'이라는 영화를 봤습니다. 음악에 관한 영화는 어떻게든 찾아서 보는데, 바이올린 영화라서 볼까 말까 주저했습니다. 영화 자막이 완전히 사라질 때까지 관객이 자리에 그대로 앉아 있으면 좋은 영화라고 스스로 매긴 평가 기준이 있습니다. 영화가 끝나고 자막이 흐르는 동안 관객 중 그 누구도 일어나지 않았습니다. 모두 음악에 취해 있었습니다.

집으로 오는 내내 몇몇 장면들이 머리에서 맴돌았습니다. 영화는 다큐멘터리 형식으로 이차크 펄만(Itzhak Perlman)의 과거와 현재를 오가며 그의 음악 세계를 펼쳐보였습니다. 예루살렘의 작은 마을에서 태어나 어려운 환경 속에서 바이올린을 켜는 그의 모습을 보여줍니다. 4살 때 라디오에서 흘러나오는 바이올린곡을 듣고 바이올린에 심취한 아들을 위해, 그의 부모는 힘든 일을 마다하지 않습니다. 아들을 음악학교에 보내려고 학교 근처로 이사하면서 이발사 일을 지속할 수 없게 되자, 이웃의 빨래를 도맡으며 생계를 이어갑니다.

이차크 펄만은 소아마비를 앓았습니다. 목발을 짚고 무대로 걸어 나와 앉아서 연주할 수는 있지만, 목발이 없으면 아무것도 하지 못합니다. 그런 그가 좋아하는 운동은 야구입니다. 그는 야구장에서 사람들과 활발하게 소통합니다. 몸이 불편하다고 자신의 처지를 꽁꽁 묶어놓지 않았습니다.

영화 후반부에서 그는 바이올린을 배우던 8년간의 시절이 어쩌면 부모, 선생님, 자신을 포함한 삼각관계에서 가장 지옥 같았던 시절이었다고 회상합니다. 부모는 선생님에게 잘 가르치라고 요구하고, 선생님은 자신을 엄격하게 가르쳤고, 그런 자신은 부모님의 삶을 힘들게 했다고 말합니다. 그의 아내는 그런 시절이 있었기에 이차크의 바이올린 연주 실력이 탄

탄해졌고 대성하게 됐다고 말합니다.

영화에 흐르는 무수한 명곡 사이로 귀를 솔깃하게 만드는 대사가 있습니다.

"어떤 연주는 좋은데 좋기만 하고, 어떤 연주는 감동까지 준다."

사실 음악을 들으면서 '아, 좋다!' 하는 경우는 많아도 매번 감동하지는 않습니다. 이차크는 어떻게 연주해야 청중이 감동할지 압니다. 기교보다 사람의 마음을 끄는 무언가가 있어야 감동을 줄 수 있습니다.

유머 넘치는 그의 모습을 상징적으로 표현하는 장면이 있습니다. 이차크가 백악관을 방문했을 때 오바마 대통령이 "어떤 소리를 가장 좋아하나요?"라고 그에게 묻습니다. 그는 "프라이팬 위에서 양파가 지글거리는 소리를 가장 좋아합니다."라고 답합니다. 예상치 못한 답이었습니다. 그의 말에 모두 웃습니다.

오바마 대통령은 이차크 펄만을 "음악과 삶, 모든 것을 열정과 기쁨으로 다한다."라고 평합니다. 또한 "이차크는 천재죠. 연주만 하지 않아요. 바이올린으로 기도를 올려요."라고 칭송합니다. 그가 쉰들러 리스트를 연주할 때, 짧은 순간이지만 가슴이 먹먹해지며 눈가에 이슬이 맺혔습니다.

줄리아드 오케스트라를 지휘하고, 상금으로 받은 백만 달러를 장애인을 위한 건축설계와 음악에 기부하는 장면이 있습니다. 가족이 모두 모여 식사할 때 행복한 웃음이 가득합니다. 그가 어떤 심성으로 세상을 살아왔는지, 어떤 음악을 하고자 했는지, 영화는 그의 바이올린 연주가 세상을 행복하게 하고 있음을 상징적으로 보여줍니다.

그의 아내 토비는 바이올린을 전공했지만 연주에 한계를 느껴 연주자의 길을 중단했습니다. 학창 시절 이차크의 연주를 본 후 사랑에 빠져 평생 훌륭한 조력자가 됩니다.

이차크의 스승 도로시는 그가 예루살렘을 떠나 뉴욕에 처음 방문했을 때의 모습을 떠올립니다. 면접을 보러 온 13살의 이차크가 심통 난 표정으로 멘델스존의 바이올린 협주곡을 2배속으로 연주하는 모습에 도로시는 이차크의 천재성을 발견합니다. 그리고 훌륭한 연주자가 되려면 바이올린 못지않게 내면을 채우는 게 중요하다며, 그에게 음악 이외의 것에도 많은 관심을 기울이라고 조언합니다.

이차크는 도로시 같은 훌륭한 스승을 만나서 훌륭한 연주자가 되었고, 또 훌륭한 스승의 길을 걸었습니다. 이차크는 제자를 가르치며 많은 것을 배웠다며, 제자들에게 기회가 되면 강단에 서라고 말합니다.

이차크는 1964년 레번트릿 콩쿠르에서 우승하고, 다음 해 카네기 홀에서 연주하면서 음악의 지평을 넓혀 갔습니다. 그래미상 15회, 에미상 4회 수상을 기록한 현존하는 최고의 바이올리니스트 이차크 펄만. 1945년생인 그는 명실상부한 거장이 되었습니다. 단순히 기교 넘치는 훌륭한 연주자가 아니라, 사람을 대하는 인품이 뛰어난 사람입니다. 음악을 통해 세상을 행복하게 만드는 힘이 그 누구보다 큰 사람입니다.

영화를 보고 나서 광화문 네거리, 종각을 거쳐 종로3가역까지 걸었습니다. 음악을 들은 건지, 영화를 본 것인지, 환상 속을 헤매는 듯 했습니다. 도심의 불빛 사이로 음악이 들려왔습니다. 등에 메고 있는 클라리넷을 불며 도심을 가로지르고 싶었습니다.

나의 서재

경기대학교 교수회가 발간하는 교수 신문이 있습니다. '교수의 서재' 코너에 게재할 글을 청탁받고 어떤 책을 고를까, 고심했습니다. 마침 당시 클래식 음악에 재미를 붙인 교직원 선생이 클래식에 관한 책을 소개해달라고 요청해 왔습니다. 그때 글을 정리했습니다.

솔직히 고백하면, 클래식 음악을 잘 모릅니다. 즐겨듣지만 귀가 어두워 금방 들은 곡도 구별하지 못합니다. 그냥 들리는 대로 듣고 음악이 좋아서 온종일 틀어놓고 있습니다. 듣다 보

니까 좋아하게 되었고 좋아하다 보니까 클래식 공연을 찾는
정도입니다.

나이 50이 되어 악기를 배우면서 악보를 볼 수 있게 되었습
니다. 그리고 어찌하다 자작곡을 만들었습니다. 자작곡을 오
케스트라가 연주하고 성악가가 노래를 불렀습니다. 이 이야
기가 동아일보 지면에 소개되었습니다. 당시 인터뷰하던 기
자가 "어려서부터 피아노 같은 악기를 배우셨나요?"라고 물
었습니다.

어린 시절 학교 양호실 근처에서 노랗게 익어가던 옥수수
빵 냄새에 코를 벌렁거린 기억이 있습니다. "오늘 보리밥 먹고
온 사람 손들어!"라는 말에 손을 번쩍 들었습니다. 엄마 모시
고 오라는 선생님의 말씀에 고개를 끄떡였고 선생님은 옥수
수빵을 주셨습니다. 훗날 들은 어머님의 말씀, "찢어지게 가난
해서 전기도 안 들어오는 산동네에 사는데 어떻게 선생님을
도와드릴 수 있어? 드릴 말씀이 없어서 그냥 묵묵히 듣다 왔
지." 그날 이후 선생님의 시선이 달라졌는데 그걸 몰랐습니다.

'꼬마 눈사람'을 부르던 음악 시간. 선생님은 난로 안의 조
개탄을 뒤집었습니다. 갑자기 빨갛게 달아오른 꼬챙이를 팔뚝
에 갖다 대고 말씀하셨습니다. "너 공산당 잡으면 어떻게 하는
지 알아? 이런 시뻘건 꼬챙이로 지지는 거야!" 그러면서 팔 지

지는 흉내를 냈습니다. 그 순간 울음을 터뜨렸습니다.

중학교 때 짝은 피아노를 잘 쳤습니다. 친구가 "나는 음악이 없는 세상을 상상도 할 수 없어!"라고 했습니다. "난, 음악이 없는 세상에 살고 싶어!"라고 답했습니다. 그 뒤로 30대 중반이 될 때까지 노래를 부르지 않았습니다. 고교 시절, 음악 시간이 있는 날은 학교에 가기 싫었습니다. 대학 입학 후 노래를 불러야 할 때는 자리를 피하거나 춤으로 때우곤 했습니다. 노래방이 대중화되어 누구나 노래를 부르게 되었을 때도, 슬그머니 밖으로 나갔다가 끝날 무렵 음료수를 사서 들어가곤 했습니다. 가난했던 어린 시절의 충격이 30대 중반까지 트라우마로 남았습니다.

80년대 중반 영화 '아마데우스'를 관람했습니다. 영화 속에서 흘러나오는 모차르트 교향곡 25번을 듣고, 아마데우스 OST 테이프를 사서 늘어지도록 들었습니다. 자발적으로 클래식에 관심을 보인 최초의 사건이었습니다. 연구원 재직 시절, 당시 상사가 클래식 애호가였습니다. '재미없는 음악을 왜 매일 듣지?' 의문을 던지며 무슨 곡인지도 모르고 수년간 들었습니다.

불혹의 나이에 교수가 된 뒤 클래식에 빠졌습니다. 교보문고 핫트랙스에서 클래식 음반을 수시로 샀고 클래식에 관한 책을 닥치는 대로 읽었습니다. 책에서 얻은 지식을 바탕으로 관련 곡을 하나씩 찾아 듣다가 "아는 것만큼 보인다."는 말처럼 클래식에 조금씩 더 익숙해졌고 좋아하는 곡도 생겼습니다.

클래식에 입문하는 분에게 추천하고 싶은 책은 금난새, 조윤범, 박종호가 지은 책입니다. 지휘자 금난새를 검색하면, "대한민국 클래식 음악 대중화의 대표적 아이콘. 미국에 레너드 번스타인이 있었다면, 한국에는 금난새가 있다."라는 설명이 나옵니다. 금난새는 클래식의 대중화를 이끈 지휘자입니다. 어떻게 하면 대중에게 친숙하게 다가갈 수 있을까, 하는 고민이 《금난새와 떠나는 클래식 여행》에 담겨 있습니다. 비교적 이해하기 쉬워 클래식 입문서로 추천합니다.

콰르텟엑스의 대표 조윤범은 한 마디로 신바람이 넘치는 사람입니다. 《파워클래식》을 통해 이야기를 맛깔나게 풀어나가는 그의 재기를 확인할 수 있습니다. 근엄한 글이 아니라 독자의 관점에서 자칫 어렵게 느낄 수 있는 클래식을 재치 있게 풀어 썼습니다. 경기도 선진화 포럼 행사에서 조윤범의 콰르텟엑스 공연을 접할 기회가 있었습니다. 책을 읽은 뒤라 호감이 극도로 상승한 상태에서 그의 공연을 지켜보았습니다.

마지막으로 소개할 저자는 박종호입니다. 그는 정신과 의

사지만 오페라 평론가, 문화예술 칼럼니스트, 클래식 애호가이며, 클래식 음반과 책을 펴내는 '풍월당' 대표로 유명합니다. 그는 고등학교 시절 LP로 들은 클래식에 빠져 해마다 유럽의 주요 음악회를 섭렵하고 그 경험을 엮어 《내가 사랑하는 클래식》 시리즈 외에 다양한 음악책을 저술했습니다. 박종호의 클래식 서적을 한 권이라도 읽는다면, 그의 두 번째 세 번째 책으로 저절로 손이 옮겨가고 클래식에 관한 열정이 커질 거라 확신합니다.

서가에 꽂혀 있는 책을 보면 취향을 어느 정도 가늠할 수 있습니다. 무엇을 좋아하는지, 단순히 모양새로 꽂아 놓은 것인지, 어떤 삶을 추구하는지…… 제 서재에는 전공 서적 외에 문학, 철학, 사회학, 클래식 음악책이 있습니다. 그러나 여전히 클래식을 잘 모릅니다. 그냥 듣고 즐거워합니다.

어떤가요? 이 글을 읽는 여러분 서가에 클래식 책 한 권 꽂아두는 것은.

강의

    강의를 한자로 풀이하면 익힐 강(講) 옳을 의(義)입니다. 바르게 익히도록 해주는 일입니다. 그런 강의를 하는지 늘 자문합니다. 학생의 눈빛이 살아나도록 이런저런 방법을 시도하고 있습니다.

    소크라테스 문답법처럼 학생들에게 끊임없이 질문하고 답하도록 합니다. 사각지대에 있는 학생도 질문을 피할 수 없습니다. 응답한 학생에게 포인트 점수를 줍니다.

    좌석도 팝니다. 앞줄에서 두 번째 줄까지 A석으로 지정하고, 그날 질의 응답한 포인트 점수에 1.5점을 가산해줍니다.

세 번째 줄은 B석, 1.2점, 그 외의 줄은 C석으로 0.9점을 가산해줍니다. 좌석제를 시행하면 서로 앞에 앉으려고 경쟁합니다. 자연스레 수업 분위기가 좋아지고 집중력이 높아집니다.

수년간 별 탈 없이 좌석제를 해왔는데 어느 날 문제가 발생했습니다. 9시 첫 수업을 위해 새벽 5시 반에 도착했는데도 A석에 앉지 못했다는 학생이 생겼습니다.

7시 반 이전에 30여 명, 8시 반까지 50여 명이 도착했습니다. 열정적으로 수업에 참여하는 학생들이 기특하면서도 미안했습니다. 7시 반까지 온 학생은 A석, 8시 반까지 온 학생은 B석으로 인정했습니다. A석에 앉은 학생들 모두에게 점심을 사주었습니다.

학생 제안으로 책상을 ㄷ자형으로 배치하고 가운데 서서 강의한 적도 있습니다.

개강하고 몇 주가 지나면 전체 학생의 이름을 암기하는 게임을 합니다. 이 게임을 몇 차례 반복하면 수강생 전원이 학우의 이름을 기억합니다. 강의실 분위기가 좋아집니다. 수업 관련 이슈를 수시로 던져놓고, 집단 지성으로 문제를 해결하는 능력을 키웁니다.

과제 발표하는 모습을 다른 학생이 촬영하고 논평합니다. 발표 내용, 발표 능력, 자세 등 잘못된 습관을 교정하는 기회가 됩니다. 학기 말에는, 그간 각자 촬영한 비디오를 보고 무엇이 문제인지, 어떻게 개선해야 할지에 관한 평가 보고서를 제출합니다. 학기 초보다 발표 능력이 크게 향상되었습니다.

700여 명의 학생을 대상으로 사회봉사 소양 교육을 진행했습니다. 중강당에 들어선 학생 수는 400여 명입니다. 학생이 교육에 집중할 수 있도록, 수업을 시작하면서 종이비행기를 날렸습니다. 종이비행기 안에는 강의 요지와 식권이 들어 있습니다. 잠을 자려고 마음먹었던 학생들이 종이비행기를 잡으려고 손을 뻗치다, 강의에 집중합니다.

마흔에 신임 교원으로 강단에 처음 섰습니다. 그때는 무엇을 하더라도 열정이 넘쳤습니다. 오십 중반에 들어서면서 강의 방식에 변화가 생겼습니다. 학생과 눈을 맞추면서 학생이 잘하는 점을 칭찬해주고, 부족한 점은 잘할 수 있다고 격려해줍니다. 조금은 느리더라도 잘할 수 있다고 등을 두드립니다.

학계 선배 교수가 정년퇴임 고별강연에서 했던 말이 생각납니다.

"이십 대에는 멋모르고 가르쳤고, 삼십 대에는 어려운 것만 가르쳤고, 사십 대에는 지식 전달에 급급했고, 오십 대에는 가르치기 쉬운 것만 가르쳤고, 육십 대에는 마음 가는 대로 가르쳤다."

강의는 하면 할수록 어렵습니다. 나는 어떤 강의를 하고 있나? 묻고 또 묻습니다.

사할린 섬

3.1운동 100주년, 역사의 시간이 흘렀습니다. '100'이라는 숫자가 흘렀습니다. 누군가에게는 시린 기억으로, 누군가에는 엉망의 기억으로 그렇게 섬철되어 흐릅니다. 현덕수 사할린 한인회장 초청으로 아침 비행기를 타고 사할린에 도착했습니다. 눈 몇 번 감으니 사흘이 지났습니다. 강제 노역자가 가장 많았다는 사할린, 차가운 공기처럼 아픈 역사가 가슴으로 파고듭니다. 일제 패망 후 귀국선에 오를 것으로 기대했던 4만여 강제 노역자들은, 망향의 한을 품고 사할린에 그대로 남아야 했습니다.

자작나무 숲에 잠든 영혼을 위로하고자 후인들이 찾아와 추모비를 세웠습니다. 이곳에 잠들어 있는 영혼이 그리운 고향을 훨훨 오갈 수 있기를. 자작나무 숲 사이 눈길을 걸으며 염원했습니다. 흰 구름이 파란 하늘에 두둥실 떠 있었습니다. 소설가 한수산 님이 쓴 비문을 옮깁니다.

그대여, 잠시 걸음을 멈추고 여기 묻혀 고요한 이들의 목소리에 가슴을 기울여라.

한국 근대사를 점철하는 비극 가운데서도 사할린 한인의 역사는 그 비극의 원형질이 다르다. 일제 강점기 사할린으로 끌려와 혹독한 강제노역에 시달리다가, 해방을 맞았으나 고국으로 돌아가지 못한 채 이 땅에 버려져야 했던 이들. 언젠가 고향으로 돌아간다는 신념을 끝내 잃지 않았던 사할린 한인의 슬픈 역사가 여기 서려 있다. 그들은 이 땅에 살아남았다. 비운의 한걸음, 걸음마다 고통은 켜를 이루었지만, 통곡을 희망의 담으로 견디며…… 풀씨처럼 떨어진 이곳을 가꾸며 뿌리를 내렸다. 고향에의 그리움을 가슴에 묻으며, 내일을 살아갈 자식을 길렀다. 울지마라, 어제를 위해 흘릴 눈물은 없다. 역사에 짓눌리며 조국에 잊히고 시대에 뒤엉키며 살아온 세월의 장엄함이여, 고난을 넘어 왕생한 그들의 발소리가 들리지 않는가. 가슴 깊이 간직해 온 고향 주소를 차가운 빗돌 속에 새기며 잠든 이름, 이름들, 민족사의 강줄기를 풀잎처럼 떠내려가며 온몸으로 살다 간 이들을 기억하면서, 여기 이 비를 세운다.

이후 사할린에 두 번 더 갔습니다. 유즈노사할린스크, 코르사코프 항구, 오호츠크해, 브이코프 광산을 다녀왔지만 아직 사할린을 제대로 보지 못했습니다.

사할린은 남북 길이 950km, 최대 폭 160km, 면적은 약 76만km²로 남북으로 기다랗게 뻗은 섬입니다. 서울에서 부산까지가 약 400km, 신의주에서 부산이 약 837km입니다. 남한 면적이 약 100만km²이니까 사할린 섬은 남한 면적 대비 약 76% 정도 크기입니다. 사할린은 타타르 해협과 오호츠크해 사이에 있습니다. 일본이 돌려달라고 하는 쿠릴 열도와 사할린 섬이 '사할린 주'에 포함됩니다. 여름 평균 최고 기온은 섭씨 21도, 겨울 평균 최저 기온은 영하 19도입니다.

사할린은 1875년 러일 양국의 상트페테르부르크 조약으로 사할린 섬 전체가 러시아 제국의 영토가 됩니다. 1905년 러일 전쟁 후 일본이 북위 50도 이남을 지배했고, 1918~1925년 러시아의 적백 내전을 틈타 일본군이 사할린 섬 북부까지 점령했습니다. 1945년 8월 소련이 사할린 섬 남부까지 점유했다가, 1951년 샌프란시스코 강화조약으로 일본이 영유권을 포기하면서 러시아 영토가 되었습니다.

흔히 사할린을 동토의 땅이라고 부릅니다. 1930년대 말 태평양 전쟁이 발발하면서, 일제는 부족한 노동력 확보에 전력을 기울였습니다. 처음에는 일반 모집을 하다가 관을 이용해 조직적으로 나섰습니다. 이후 광복 이전까지 부족한 노동력을 강제 노역으로 확보해갔습니다. 사할린에 강제 징용된 조선인 수는 15만 명 정도이고, 제2차 세계 대전이 끝날 무렵 사할린에는 약 4만3천여 명의 조선인이 살았습니다.

나이부치 광산은 한국인 노동자가 노역하던 사할린 광산 중 하나입니다. 유즈노사할린스크에서 65km 떨어진 곳에 있습니다. 차로 대략 1시간 15분 정도 걸렸습니다. 애초에는 이날 바닷가에서 연어 낚시를 하고 요트도 탈 예정이었지만 태풍이 가로막았습니다. 나이부치 광산을 방문한 뒤, 일기예보에 단골처럼 등장하는 오호츠크해로 일정을 변경했습니다.

나이부치는 석탄 광산입니다. 폐광 후에도 보조금을 받는 일부 주민이 거주하고 있지만 적막만 감돌고 있었습니다. 금방 쓰러질 것 같은 건물, 석탄을 수송하는 철로가 갱도 입구까지 연결되어 있습니다. 컨베이어 벨트에 쓰던 베어링 껍데기가 곳곳에 떨어져 있고, 뜯겨나간 창틀 밖은 잡초가 무성했습니다.

갱도로 들어가는 입구에는 언제 쌓았는지 모를 석탄이 한 무더기씩 있고, 석탄으로 범벅된 폐광 여기저기에 물봉선이 피어있었습니다. 물봉선은 봉선화의 일종입니다. 물봉선의 꽃말은 "나를 건드리지 마세요"입니다. 봉선화는 외래종이지만, 진홍빛 물봉선은 우리나라 자생종입니다.

사랑하는 이를 보고 싶어 하는 그리움인지, 강제 노역자의 삶을 더는 건드리지 말라는 무언의 저항인지. 사할린으로 강제 노역하러 왔던 조선인 노동자의 눈에도 물봉선이 피어 있었을지…… 카메라 셔터로 물봉선을 바라보며 상념에 잠겼습니다.

청춘

베트남으로 먼 길 떠나는 날입니다. 새벽하늘이 하염없이 웁니다. 우레가 천지를 들었다 놓았다 반복합니다. 세상을 삼킬 듯 빗소리가 거셉니다.

경기대학교 관광개발학과 베트남 봉사단 38명이 오전 6시 40분 학교에서 출발했습니다. 제주항공 7C 2801편에 탑승해 베트남 하노이 공항으로 향하고 있습니다. 한 달 동안 열과 성을 다해 준비해온 봉사활동을 시작하는 첫날입니다.

학생지원처장 보직을 맡은 이후 매 학기 학생들을 인솔해서 해외 봉사를 다녀왔으면서도 막상 우리 과 학생들과는 한

번도 기회를 만들지 못한 게 마음에 걸려 이번 베트남 해외 봉사를 추진하게 되었습니다.

단체가 움직이는 데 가장 큰 걸림돌은 경비 조달과 안전입니다. 학생들은 항공료와 보험료만 부담하고 나머지는 후원을 받기로 했습니다. 경비 조달이 쉽지 않았습니다. 해외에서 발생한 공무원 사고에 메르스 발병으로 해외 봉사활동에 관한 염려가 커지던 때라 더 신경이 쓰였습니다. 관광전문대학원에 입학한 주식회사 윌코의 강덕제 대표가 서울국제친선협회를 소개해주면서 순조롭게 시작되는 듯했는데, 협회와 연락이 끊어져 지원이 어려워졌습니다.

다행히 강 대표가 개인적으로 1천만 원을 학교에 발전기금으로 기부하면서 숨통이 트였습니다. 베트남에서 사업하는 고등학교 선배인 코리아 게임 테크놀로지 이돈영 대표가 하노이와 하롱 베이 체류비용을 시원해주었습니다. 제자인 제주문화여행 대표 송상섭 박사가 항공 수수료 없이 항공 좌석을 확보해주었습니다. PDM 코리아 한교남 소장이 봉사단원들에게 티셔츠 2벌과 모자 제작비를 협찬해주었고, 하노이 오리온 제과에서 초코파이 40상자와 과자를 지원했습니다. 이번 여정에 함께하는 총학생회장 출신 제자 서준원 사장과 홍할린 학생 부모님이 봉사에 필요한 물품을 지원해주었고, 학교도 봉사 준비에 필요한 경비를 일부 지원했습니다.

지방행정연수원 공무원 사고 소식을 접한 아내는 "학생지원처장 때야 어쩔 수 없었다 치더라도, 왜 군이 사서 고생하고 책임을 떠맡느냐."라며 걱정했습니다. 아내의 염려는 이해가 가지만, 사고가 무서워 아무것도 안 한다면 세상은 늘 제자리일 수밖에 없습니다. 여행보험을 1억 원에서 3억 원으로 올리고, 사전 안전 교육을 두 차례 실시했습니다. 학부모님한테 해외 봉사 안전 계획에 관한 편지를 올리고 밴드를 개설해 실시간으로 소식을 전했습니다.

평소와 달리 이번 베트남 해외 봉사는 사전 답사를 하지 못했습니다. 어려움이 예상되지만, 모두 잘되리라 생각합니다.

서울국제친선협회의 소개로 베트남 빈시에 있는 '한베기술대학'의 도움을 받았습니다. 빈시는 응아성의 성도로 호찌민이 태어난 곳입니다. 한베기술대학은 김대중 대통령 때 우리나라가 지원해서 설립한 대학입니다. 한국과 베트남 양국 교류의 상징으로, 베트남 미래 산업의 주역들이 수학하고 있습니다.

우리 봉사단은 하노이 도착 후 국내선으로 빈시로 이동해서 숙박하고, 한베기술대학 관계자 면담 후 3시간 거리에 있는 안손으로 이동해, 한베기술대학 학생과들과 함께 안손 어린이집 환경개선 작업을 했습니다. 다시 빈시로 돌아와 한베 기술대학, 보육원, 소수민족 어린이집 등에서 봉사활동을 하고, 베트남 한국문화원이 주관하는 한류 교류의 밤 행사에 공연단으로 참가했습니다. 하롱 베이에 도착 후, 관광학도로서 세계자연유산이 어떻게 관리되는지 살펴보고, 그동안의 봉사활동을 평가하는 시간을 가졌습니다.

자원봉사는 대가를 바라지 않습니다. 이번에 여권을 처음 만든 학생들이 많았습니다. 해외 봉사를 통해 현지인과 문화를 교류하면서 우리 학생들의 키가 한 뼘은 더 성장했으리라 생각합니다.

고교 시절 배웠던 민태원 선생의 '청춘 예찬'이 생각납니다. "청춘! 너의 두 손을 가슴에 대고, 물방아 같은 심장의 고동을 들어보라. 청춘의 피는 끓는다. 끓는 피에 뛰노는 심장은 거선의 기관과 같이 힘 있다. 이것이다. 인류의 역사를 꾸려 내려온 동력은 바로 이것이다. 청춘의 끓는 피가 아니더라면, 인간이 얼마나 쓸쓸하랴?"

'청춘!' 듣기만 해도 뜨거운 가슴 뛰는 단어입니다. 국화꽃을 피우고자 했던 서정주 시인의 시심처럼 세상을 담대하게 담을 수 있는 '지혜와 용기의 꽃'이 학생들 가슴 속에 자리 잡는 계기가 되면 좋겠습니다. 이번 베트남 해외 봉사 후 우리 학생들의 가슴에 새로운 세상을 향한 도전 정신이 생생하게 살아 숨 쉬면 좋겠습니다.

헤어질 때 잡은 당신 손이 따뜻했어요

제자 서준원 군이 왔습니다. 동해 바닷가 숲에서 어머니가 손수 따서 담근 방풍나물 장아찌를 들고 찾아왔습니다. 묵직한 유리병보다 더 무거운 준원 군 어머니의 사랑이 남겨 있었습니다. 한 잎 두 잎 정성껏 따서 재워 만든 방풍나물 장아찌, 마음으로 큰절 드리며 받았습니다.

준원이는 대학 1학년 때부터 눈에 띄던 학생이었습니다. 문화체육관광부 장관, 한국관광공사 사장, 한화그룹 회장 면담을 요청하고, 실용신안을 등록할 정도로 배포가 크고 남달랐습니다. 군에 다녀온 후 학과 학회장을 거쳐 총학생회장이 되었고, 학교가 어렵던 시기에 등록금 인상분을 전액 장학금으로 전환하는 어려운 합의를 이끌었습니다. 이후 곳곳에서 압력을 받아 많은 어려움을 겪으며, 본인은 총학생회장 앞으로 나오는 장학금마저 사양했습니다. 다행히 장학 지표 개선 등으로 학교는 정부 재정지원 제한 대학에 포함되지 않는 성과를 거두었습니다.

서준원 군은 졸업 후 보따리 장사라는 현대판 보부상이 되었습니다. 중국을 오가며 사업을 키웠고, 창업 수년 만에 롯데월드에 직접 물건을 납품할 정도로 사업이 커졌습니다. 언젠가 타보고 싶다던 컨버터블을 몰고 다닐 정도가 되었습니다. 그러던 중 은행의 권유로 대량 매입한 와인이 유통되지 않아 자금 순환에 어려움을 겪게 되었습니다.

온라인 마케팅을 하겠다며 업종을 변경하고 그간 축적한 모든 것을 새로운 사업에 쏟아 부었습니다. 그러나 성과는 좀처럼 나지 않았습니다. 직원들이 하나둘 떠나고, 급기야 원룸으로 회사 주소를 옮기고, 카페의 와이파이에 의존해 신용카드 영업을 하며 혼자 아등바등 버티고 있었습니다. 이날 여러 직원 선생이 신용카드 발급 신청을 해주어 급한 불을 끌 수 있었습니다.

선약이 있어 준원이와 점심을 먹을 수 없었습니다. 준원이가 힘겹게 버티고 있음을 알고 있었기에 봉투에 약간의 마음을 담아 가방에 넣어주었습니다. 그날 준원이는 페이스북에 눈물이 그렁대는 사진을 올려놓았습니다.

그렇게 어려운 시기를 겪던 준원이가 불과 반년 만에 다시 찾아왔습니다. 어머니의 사랑이 가득 담긴 방풍나물 장아찌와 판매하고 있는 팬시용품을 들고 왔습니다. "어머니의 오래된 차도 바꾸어드렸습니다. 내년 초면 수억 원의 부채도 모두 갚을 수 있을 것 같습니다."라며 활짝 웃었습니다.

"교수님께서 주셨던 봉투의 돈은 다 썼지만, 그날을 잊지 않으려고 빈 봉투를 가방에 넣어 다니고 있습니다. 교수님 고맙습니다."

어머니의 정성이 가득 담긴 방풍나물을 전해준 것도 과분한데 '빈 봉투'라는 큰 선물을 받았습니다.

어찌하다 보니 대학에서 학생을 가르치고, 장년을 맞이할 시기에 이르렀습니다. 처음 강단에 서던 날, '좋은 선생이 되고 싶다'라고 썼던 글이 생각납니다. 지나고 나니 많이 부족했습니다. 그런데도 학생들이 마음을 주며 따라주었습니다.

제자들의 얼굴이 주마등처럼 스쳐 지나갑니다. 연말이면 제자들과 모임을 했습니다. 매섭게 춥던 날, 제자들과 술 한 잔 나누었습니다. 헤어질 때 한명씩 제자들의 손을 꼭 잡았습니다. 따뜻했습니다. 고마웠습니다. 그 느낌을 잊고 싶지 않아 '헤어질 때 잡은 당신 손이 따뜻했어요'라는 제목의 산문시를 썼습니다. 첫 시집의 제목이기도 합니다. 사랑하는 여인과 헤어졌을 때 이야기냐며 여러 사람이 물었습니다.

헤어질 때 잡은 당신 손이 따뜻했어요

길을 가고 있었군요. 언제부터 그 길을 가고 있었는지 기억하시나요? 가다 보니 가고 있었군요. 마음속 울림이 있어 발자국을 떼다 보니 함께 가고 있었군요. 그래요. 그럴 수 있지요. 아무려면 어쩌겠어요. 마음에 묻은 터럭 툭툭 털어버리세요. 발걸음이 조금은 더 가벼워질 거에요. 길이 미끄럽네요. 조심하세요. 에구구! 넘어질 뻔했네요. 무릎에 힘주고 중심을 잡으며 걸어보세요. 발걸음 소리 들어보세요. 혼자 걷는 발걸음도 좋지만, 여럿이 걷는 것도 좋아요. 외롭다고요? 그 외로움을 혼자 깊게 파고 들어가고 있는 것은 아닌가요? 손을 조금만 풀어보세요. 땀이 맺혀 있네요. 바람이 헤엄쳐 들어가게 해보세요. 어깨가 경직되어 있네요. 툭툭 털어보세요. 고된 삶이 목덜미에 앉아 있군요. 성직자의 부드러운 미소 슬쩍 흉내 내보세요. 아장아장 걷는 아기를 바라보세요. 무서우면 무섭다고 슬프면 슬프다고 좋으면 좋다고 까르르거리는 그 모습 예쁘지 않나요? 아주 가끔 바람이 콧잔등을 스칠 때, 그런 생각해 보세요. 삶이 가볍지는 않지요. 그 무게에 질려 신발 가지런히 놓는 사람이 늘어난다고 하네요. 누구든지 어려움은 있어요. 삶의 무게에 날개를 달아보세요. "이 세상 놀러 왔다 간다."라는 어느 시인의 깨달음까지는 아니더라도 흥흥 콧소리 내보세요. 소리가 마음을 움직일 수 있어요. 오늘 고마웠어요. 하나둘 문을 열고 들어서는 모습들 고마웠어요. 혼자는 늘 혼자지요. 둘이 되었지요. 넷이 되었지요. 그렇게 늘어가더군요. 마음에 온수를 적시게 되더군요. 우리 그냥 그렇게 살아요. 잘난 것 조금 내려놓고 못난 것 너무 의식하지 말고 그렇게 기요. 따뜻한 밤이었어요. 헤어질 때 잡은 당신 손이 따뜻했어요.

2부

당신을 놓고 싶지 않아
자꾸자꾸 글자를 늘여갑니다

지금이라는 시간.

지나간 시간 어느 것 하나 헛되지 않기에,

오면 오는 대로,

머물면 머무는 대로,

가면 가는 대로 시간을 헤아립니다.

겨울바람 맞으며 메마른 헛기침 남겨놓고 가버린 사랑,

사랑에 목말라 하던 시간.

사랑과 시간이 뒤섞인 채 계절이 지났습니다.

그리고 들리는 풍문,

어쩌면 새로운 사랑이 올지도 모른다고.

단어를 바꿉니다

새벽이 오면 마음속에 떠오르는 생각, 편린을 찾아 헤맵니다. 이야기를 듣습니다. 말을 하지 않습니다. 그냥 웃습니다. 담담한 표정을 짓습니다. 굴전 하나 간장에 찍어 입에 넣습니다. 덤덤한 맛. 볶은 김치를 두부에 싸서 입에 넣습니다. 아무 맛도 느껴지지 않습니다.

탁자 건너편에서 들려오는 말소리가 아득하게 들립니다. 이야기를 많이 한 뒤의 허탈함, 가만히 듣고 있습니다. 홀로 침잠하고픈 마음, 어깨를 움츠리게 하는 차가운 날씨, 겨울로 들어갑니다.

휴대폰만 만지작거립니다. 막걸리 잔이 오고 갑니다. 입술을 적시지 않은 잔이 뭐 하는 거냐고 묻습니다.

'왜 그럴까?' 생각의 끝자락을 찾아 헤맵니다. 이놈을 잡고 저놈을 잡고, 이리 길을 건너고 저리 길을 건넙니다.

침묵이 필요합니다. 그걸 알면서도 침묵 자체를 힘겨워합니다. 아득한 공간에 홀로 덩그러니 있는 것처럼 단절을 느낍니다.

보고 싶습니다. 듣고 싶습니다. 만지고 싶습니다. 세상의 색을 잃어버리게 한 존재가 있다면 그 존재를. 뇌리를 파고드는 편린, 그 편린을 끊임없이 던지는 존재가 있다면 그 존재를 만나고 싶습니다. 그러면서 고마워합니다. '아직 살아 있구나!'하고.

이리저리 떠오르는 단어를 계속 바꿉니다. 이 단어는 '그리움'입니다.

50대의 봄

겨우내 동면하듯 모든 것을 떨쳐버리고 작은 방에 몸을 숨겼습니다. 태블릿으로 이북을 읽고 장기를 두었습니다. 작은 아이 대학 입시를 어떻게 하는 게 좋을지 매일 시뮬레이션하며 보냈습니다. 큰아이의 학교 임관식은 참석했지만, 졸업식과 계룡대 임관식은 참석하지 못했습니다. 대입이 끝나고 딸아이가 살 집을 구하러 원주에 여러 차례 다녀왔습니다. 아이들과 한동안 떨어져 살아야 합니다.

고등학교 졸업 후 모든 것을 스스로 결정하며 살았습니다. 대학 때, 무엇이든 할 수 있다는 자신감으로 가득했습니다. 깡

통을 차도 좋으니 제대로 공부 한번 해보자며 대학원을 다녔습니다. 매일 새벽 2~3시까지 공부했습니다.

국책연구원에 입사했습니다. 급여를 받아 학자금 융자를 다 갚았을 때 뿌듯했습니다. 아이들이 무럭무럭 성장하는 날들이 행복이었습니다. 가장으로, 아들로, 직장인으로 열심히 살았습니다. 아침 일찍 출근하고, 모두가 잠들었을 때 들어가고, 주말에도 출근했습니다. 베이비부머 세대입니다. 정도의 차이는 있지만 다들 이렇게 살았습니다.

불혹, 마흔에 연구원을 떠나 대학 강단에 섰습니다. 달렸습니다. 정신없이 달렸습니다. 허구한 날 밤을 새우면서도 틈틈이 가족과 많은 시간을 나누려 애썼습니다. 어머니, 아버지가 돌아가셨습니다. 오랫동안 허전함이 가슴속에 맴돌았습니다. 학회장 직을 마치고 은사님의 정년을 지켜보며 겨울을 보냈습니다.

무심코 거울을 봤습니다. 생글거리던 청년의 모습은 사라지고 희끗희끗한 반백의 중년이 있었습니다. 세월의 무게에 슬금슬금 피부가 처집니다. 시간은 갈수록 가속도가 붙는다고 합니다. 10년 뒤에는 어떤 모습일지? 지금을 회상하며 "그때는 참 생생했었지!" 이렇게 말하지 않을까 싶습니다. 아직은 체력도 괜찮고 무엇이든 할 수 있다는 의욕으로 가득 차 있습니다. 미소 가득한 삶을 살아야 하겠습니다.

작은아이가 쓸 휴대폰용 배터리를 사러 서비스센터에 들렀다가 휴게실에서 글을 적고 있습니다. 봄입니다. 아버지로 살아가는 봄.

눈물 담은 할미꽃이 피었습니다

뱃살이 이렇게 쭈글쭈글할 수 있나
인고의 세월이 이렇게 만들었구나
얼굴에 페인 깊은 주름이 그리하고
차디찬 손마디가 그러하네
84년의 세월이 흐르고 있구나

어떻게 지내시는지
죽은 잘 드시는지
열은 없으신지

매일 드리는 두 통의 전화만으로
하고픈 이야기 다 할 수 없어
그저 드리는 말
식사하셨어요
뭐 필요한 것 없으세요

매일 드시는 죽이 싫어
콩나물밥을 드시고는
소화제를 네 알이나 드셨단다
그래도 속이 든든해 좋으시단다

이 봄을 맞이하시는구나
봄볕이 따스한데
마음 놓고 여기저기 돌아다니지 못하시지만
그래도 봄꽃이 핀다는 소식을 들으시는구나

어느 날 잡으실지
꽃잎이 흐드러지게 피고
푸르름 가득한 날 잡으실지
나뭇잎 하나둘 떨어지는

만추의 계절을 잡으실지
백설이 세상을 수놓는 그날
동장군 만나고 가실지

어머니의 표정에서
세상을 달관한
모습을 읽는다

내일은 소화제 사러 가야겠다고
말씀하시는 아버지

결혼한 지 66년
66년의 세월을 함께한 아버지, 어머니
자식들 모두 떠나고
두 분만 남아
바람결에 스치는 이야기처럼
살아 있나 확인하는 전화만 받으신다

바람이 차니 나오시지 말라 했지만

"어여 가, 길 막히기 전에⋯⋯."

시동 거는 차 뒤에서
손짓하며 물끄러미 바라보시던 어머니

지금이 혹 마지막은 아닌지
언제 다시 뵐 수 있을지
어머니라는 단어를 가슴에 넣으며
마음 졸이던 그때
어머니는 그날 이후 일어나지 못하셨다

아버지는 어떠한가?
1982년 어느 날
자전거 타고 가시다 택시에 부딪혀
병원에서 신음하시던 모습
전철을 타러 가다 먼발치에서 본
자전거 타고 가시는 아버지
그 모습이 왜 그리 애처로웠던지

대학교 4학년

전철에서 바라본 해는 아직도 가슴에 생생한데
세월이 흘렀다
길목에서 바라본 밤하늘의 별
볼을 스치던 싸한 바람
무엇을 하며 살 것인가 고민하던 날
어두컴컴한 쪽방이 왜 이리 그리운지

앞으로 얼마나 많은 날을
뒷모습 보이며 돌아설지

지금도 귓가에

"어여 가, 차 막히기 전에……."
"우리 장군님은 살 있으신가……."

손자 녀석들은 저마다 바쁘다며
전화 한 통 없다
할아버지, 할머니는 제 놈들 걱정뿐인데
자식이 그러하지 못하니
손자들에게 무엇을 바라나

가족의 뒷모습을 본다
아들은 학교로
딸은 학교로
아내는 남도로

모두 나간 빈방에서
어머니에게 보인 뒷모습을 떠올린다.

잠을 설쳤습니다. 벌초하러 가는 시간을 놓칠세라 여러 번 깼습니다. 그 틈에 꿈을 꾸었습니다. 멀쩡하게 살아 있는 큰형이 돌아가셨고, 아버지는 굉음을 내며 달려가는 오토바이를 보며 뭐라고 말씀하셨습니다. 쪽방 문을 여니 둘째 형과 작은형이 자고 있었습니다. 어머니는 어디 계신지 몰라 꿈속에서 애타게 찾았습니다.

먼저 가신 어머니, 다음 해를 채 넘기지 못하고 따라가신 아버지. 매주 산소를 찾으며 혼자만의 49제를 지냈습니다. 돌아가신 후 처음 산소에 가던 날, 아들을 뒷좌석에 태우고 가던 중 정태춘의 '떠나가는 배'를 들으며 소리 없이 눈물을 흘렸습니다.

잠에서 깨었습니다. 작은형은 세상을 떠난 지 20년이 넘었습니다. 김밥을 샀습니다. 첫입에 목이 콱 메어왔습니다. 물 몇 모금 마시고 김밥을 입에 넣으며 달렸습니다.

여름내 비가 내렸습니다. 비 온 날이 비 오지 않은 날보다 더 많았습니다. 여름이 가고 가을이 옵니다. 하늘이 파랗게 빛납니다. 흰 구름이 파란 하늘 여기저기에 흩어져 있습니다. 들녘이 푸른색으로 곱게 물들어 있습니다. 멍하니 하늘만 바라보아도 좋은 아침입니다.

선산에 도착했습니다. 지난 한식 이후 여름을 무심히 보냈습니다. 비가 오면 '산소는 괜찮은가?' 하고 걱정만 했습니다. 다행히 무탈했습니다. 양지바른 산소에 햇살이 환하게 비치고 있었습니다.

산소에 할미꽃 하나가 피어 있었습니다. 아침 이슬 가득 머금은 채 피었습니다. "아들아! 잘 지냈니?" 이렇게 말하는 듯했습니다. 얼마 후면 빌초를 시작합니다. 할미꽃을 너는 못 보게 될 것 같아 안타까웠습니다. 할미꽃을 휴대폰에 담았습니다. 맑은 이슬이 맺혀 있었습니다. 어머니, 아버지가 보였습니다. 눈물 한 바가지 가득 담은 할미꽃이 피었습니다.

당신의 손수레는

　　과외 수업에 늦어서 허둥대는 딸아이 데려다주러 가는 길, 손수레에 폐휴지 가득 담고 힘겹게 발을 떼는 할머니를 봤습니다. 금방이라도 쓰러질 것 같은 모습에 가슴이 얼어붙었습니다. 밭고랑보다 더 깊게 팬 주름, 초점을 잃어버린 듯한 시선, 고달픈 삶이 얼굴에 붙어 있었습니다.

어설픈 유모차 손수레에 폐휴지를 가득 담고 힘겹게 발을 떼는 할머니의 주름진 얼굴이 온종일 은은한 슬픔으로 남아 있습니다. 골목에 쭈그리고 앉아 팔리시도 않을 것 같은 뇐상, 푸성귀를 파는 할머니의 주름진 얼굴과 거친 손을 보면, 평생 고생하시다 가신 어머니가 떠오릅니다.

당신의 손수레, 지금 어디쯤 가고 있나요?

어제도 하루가 저물었다

기숙사에서 돌아온 딸아이와 몇 마디 나누고, '씻어야지!' 하고 생각하다 깜박 잠들었습니다. 정신없이 잠에 취했습니다. 누가 업어 가도 모를 정도로 곤히 잠들었습니다. 새벽, 눈이 떠졌습니다.

아직 어둠 속에 잠들어 있는 세상이 깰까 봐 까치 발걸음으로 하루를 시작했습니다. 종이와 펜을 집어 들고 오랜만에 글을 씁니다. 느낌이 차오르지 않으면 글을 쓰지 않습니다. 오늘 이렇게 적고 있습니다.

시간이 중첩되는 듯합니다. 한 해 한 해가 뒤섞여 흐르고 몇 년이 한 뭉치로 흐릅니다. 언제쯤인가를 떠올리며 곰삭은 기억을 찾아냅니다. 어제도 그랬습니다. 베트남에 마지막으로 다녀온 때가 언제였지? 2005년? 2006년? 답은 2007년입니다. 시간이 뒤섞여 흐릅니다.

오랜만에 고등학교 선배와 식사했습니다. 한 분은 연구원에 재직할 때 업무 관계로 알게 되었고, 다른 한 분은 어느 그룹 워크숍에서 만났습니다. 어느 날 고등학교 선배임을 안 이후 살가운 만남을 지속하고 있습니다.

휴대폰이 울립니다. 일교차가 크다는 연합뉴스 푸싱 메시지입니다. 가을이 깊어갑니다. 늦은 시간까지 음악실에서 색소폰을 불었습니다. 가을 냄새 가득한 곡을 연신 불었습니다. 마지막 곡은 '글루미 선데이.'

주말 아침입니다. '오늘은 무엇을 하나?' 사진 모임에서 보낸 스튜디오 촬영 안내 메시지가 뜹니다. 초등학교 친구들은 장봉도에 간다고 합니다. 주말에는 작은아이 운전기사입니다. 조윤범의 《파워클래식 2》를 읽으며 음악이나 실컷 들어야겠습니다. 내일 아침에 쓸 글 제목을 떠올립니다. '어제도 하루가 저물었다!'

다시 새벽 4시입니다. 비탈리의 샤콘느 G단조를 듣습니다. 슬픕니다. 세상에서 가장 슬프다고 알려진 곡입니다. 다시 잠이 듭니다. 헤드셋을 낀 귀가 얼얼합니다. 신문을 펼치자, "은마 아파트에서 생긴 일"이라는 기사가 눈에 띕니다. 청소함에 향이 피어 있습니다.

청소하는 아주머니가 지하실에서 물을 퍼 올리다 돌아가셨습니다. 유족이 조사받으러 갔을 때 담당 형사의 부검 보고서에서 '감전사로 볼 수 있다.'라는 문구가 있었다고 합니다. 아직 유족은 부검 결과를 받지 못했습니다. 용역회사가 지급한 장례비는 화장비를 포함해 1,600여만 원이 전부입니다. 해당 아파트 주민들은 이 죽음을 기억하고 있을지. 아파트 전체가 1주일 넘게 전기와 물이 끊겨졌는데 돌아가신 분을 생각할 겨를이 있겠느냐고, 누군가가 말합니다.

기자가 어떤 마음으로 기사를 썼을지 궁금합니다. 도시에 모여 사는 사람들, 수많은 사람 중 하나가 사라졌습니다. 어느 날 슬며시 사라져도, 그 누구도 주목하지 않습니다. 세상은 그냥 돌아갑니다. 아무 일 없었다는 듯이.

대학교 2학년 겨울, 은마 아파트에서 스페인어를 함께 배우던 사람들 모임이 있었습니다. '도심에 이런 근사한 아파트가 있구나!' 하며 내심 부러웠습니다. 저는 경기도 용인시민입니다. 서울이 고향이지만 서울에 살지 않습니다. 살고 싶어도 집을 장만할 여력이 없습니다. 지금 사는 집값을 잘 받는다

쳐도 강남 다세대 주택 전세를 얻으려면 한참 더 보태야 합니다. 아침을 먹다가 창밖 푸른 나무를 바라봤습니다. 푸름이 좋습니다. 잠에서 깨면 새소리가 납니다.

50대 자살률이 그 어느 때보다 높습니다. 이전보다 훨씬 풍요롭고 풍족해졌지만 사람들은 외롭습니다. 세상살이는 더 힘겨워졌습니다. 오늘을 사는 나를, 오늘을 사는 우리를 생각합니다.

가을날 오후

햇살은 구름 너머로 숨었건만
따사로운 정오가 온몸의 힘을 빼앗았는지
졸음이 눈 안으로 슬며시 스며듭니다

세상은 정적으로 숨어버렸고
하늘을 나는 새들마저 날갯짓을 멈춘
가을날 오후입니다

눈으로 보이는 세상

가만가만 바라봅니다
자동차의 모습은 이러하고
버스의 크기는 이러이러하며
사람들의 몸짓은 또 이러하구나 하고
세상을 바라봅니다

어제 늦은 오후
혜화동 대학로에서 밥을 타러 늘어선 사람들
뜨끈한 국물에 밥을 얹어 속을 채우려고
목을 빼고 차례를 기다리는 사람들을 봅니다
알 수 없는 슬픔이 목젖을 당깁니다

밥을 먹는다는 것
살아 있다는 것
그리고 때로는 행복하다고 웃음 짓는 것
이 모든 것이 인고로구나 하고
자리를 뜹니다
또 다른 상념 속으로 빠져듭니다

우리는 이렇게 삽니다

졸린 눈초리를 억지로 부여잡으며
손가락 끝으로 쏟아져 나오는 이야기를
옮겨 적고 있습니다

노랗게 물들어가는 잔디밭을 뒤로하고
손을 휘이휘이 휘두르며 한 바퀴 돕니다
빨간 단풍은 더 붉어지고
노란 은행잎은 바람에 하나둘 떨어집니다

정신을 차려야겠습니다
눈에 힘을 꽉 줍니다
커피를 마십니다
해야 할 일이 산적한

가을날 오후입니다.

마지막에 만나고픈 사람

"권용복 선생이 말씀하셔서 검색해 찾았습니다."

페이스북 메신지가 떴습니다. 권용복 선생은 사신 모임을
함께 하는 사진작가입니다. 무슨 일인가 궁금해 하며 인사를
나누었습니다. 연락을 주신 분은 연세대학교 의료공학과 윤영
로 교수입니다. 페이스북에서 권용복 선생을 만났고, 그동안
기회가 닿을 때마다 권용복 선생과 출사하며 사진을 배웠다
고 본인을 소개했습니다.

"권용복 선생은 여의도 가톨릭 성모병원 호스피스 병동에

계십니다. 어제 찾아뵈었고, 일주일 전쯤에도 찾아뵈었습니다. 호스피스 병동에 갈 때마다 한 선생을 소개해 주고 싶어 했습니다. 이 세상에 머물 시간이 많지 않은 권 선생의 소원을 들어줘야겠다고 생각했습니다."

오늘 점심 무렵 권 선생이 계신 여의도 성모병원 호스피스 병동을 찾았습니다. 수면 상태라 가만히 기다리려고 했는데, 부인이 깨웠습니다. 권 선생은 눈을 뜨자마자 환하게 미소를 지으며 병환 상태에 관해 담담하게 말했습니다.

"아마 이달 말이나 길면 다음 달 초가 될 것 같습니다. 신장암입니다. 폐와 뼈로 전이가 되었습니다."

권 선생을 처음 만난 것은 '포토리그' 활동을 하던 2004년입니다. 웹상에서 알고 지내다가 사진작가 최영 선생 스튜디오에서 처음 만났습니다. 이후 충무로에 있는 권 선생 스튜디오를 사랑방처럼 드나들었습니다. 사진에 대한 열정과 안목을 배웠습니다.

권 선생은 2004년부터 대략 10년간 한국의 큰 무당 사진을 많이 촬영했습니다. 언젠가 임시 편집한 사진집을 보여주면서 출간을 준비하고 있다고 했습니다. 문화 연구, 무속 연구 자료로써 가치가 높은데 안타깝게도 사진집을 출간하지 못했습니다.

권 선생께 한국학중앙연구원에 기증하고 그곳에서 활용하도록 하는 것은 어떤가 하고 말씀드렸습니다. 고개를 끄덕이며 좋다고 했습니다. 언제가 될지 모르지만 권 선생이 심혈을 기울인 무속 사진, 춤 사진, 사람 얼굴 사진이 세상에 드러나면 좋겠습니다.

뒤늦게 윤영로 교수가 도착했습니다. 이야기를 나누면서 윤 교수 역시 훌륭한 삶을 살아온 분임을 알 수 있었습니다. 사진과 인연을 맺은 시간은 오래되지 않았지만 사진에 관한 열정만큼은 누구 못지않았습니다. 사람의 인연, 참으로 오묘합니다. 호스피스 병동에 계신 권 선생이 저와 윤 교수를 맺어주셨습니다.

권 선생이 세상에 머물 시간은 그리 많지 않습니다. 병환이 이리 깊은 줄 몰랐습니다. 미안했고, 또 한없이 고마웠습니다. 세상에 머무르는 동안 보고 싶은 분 모두 만나고, 하고 싶은 말 다 하고, 가벼운 마음으로 좋은 곳으로 가셨으면 합니다.

'나는 이 세상을 떠나기 전, 가족 외에 누구를 만나고 싶어 할까?' 병원을 나서면서 생각에 빠졌습니다. 누군가가 마지막 순간에 만나고 싶어 하는 사람, 오늘 그런 사람이 되었습니다. 가슴 깊이 여운이 스며든 하루였습니다.

중년의 사내들

"혹, 내일 시심이 일면 짧게라도 날 언급해 주~~세~~~
요. 증세는 별거 아니랍니다."

초등학교 친구가 문자를 보내왔습니다. 중학교 졸업 후 돈
을 버느라 동기보다 고등학교에 늦게 진학했던 친구입니다.
고학으로 대학을 마쳤고, 사업을 하다 여러 번 부침을 겪었습
니다. 그래도 늘 밝은 모습이던 친구가 어느 날부터 보이지 않
았습니다. 문자를 받고 궁금해서 전화했습니다. 낮에는 부도
난 것 수습하고 밤에는 대리운전하면서 가족의 생계를 유지

한다고 했습니다.

"그래, 그런 때가 있었었지, 돌아보면 엊그제 같은데 꽤 많이 지나갔어. 30대는 치열했어. 전쟁터의 한가운데서 항상 깨어 있었지. 너무 살벌해서 그 시절은 별로 안 그리워. 40대는 조금 아쉬워. 조금만 잘했으면 경제적으로 여유롭게 살 수 있었는데. 그리고 지금과는 다른 인생관을 가졌을 테고. 지금 이 자리가 진정한 내 자리인 것 같아. 조금 아쉽긴 하지만 말이야. 가족과 일, 그리고 친구들 덕에 옛일을 생각해. 마치 인생이랑 연애하는 심경이야."

친구가 담담하게 말을 이어갑니다.

"혈압을 재보면 160이 넘이. 계단을 오르면 무릎이 아프고. 소변을 보면 갈라져서 나와. 공복엔 속이 쓰리고 이가 시려. 최근엔 허리를 수술했어. 기계 같으면 벌써 멈췄겠지? 아마 하늘로 돌아갔을 거야. 요즘 내가 종합 병동 같아. 올해부터는 관리 좀 해야겠어."

그리고 덧붙입니다.

"별것 아니야, 조금 떼어내면 돼."

마침 보험을 들어놔서 괜찮다며 남의 이야기 하듯 말합니다. 다음 주 화요일에 수술을 받는다고 합니다. 친구 말대로 그냥 가벼운 수술이려니 하고는 병명과 증세가 어느 정도인지 꼬치꼬치 물었더니 위암 3기라고 합니다. 혹시라도 시심이 생기면, 시에서 자신을 언급해달라고 합니다. 힘이 된다면 시 열 편, 백 편인들 못 쓸까 싶습니다.

아버지라는 이름으로 살아가는 중년의 사내들! 지나온 시간을 돌아보면 온몸에 상처만 가득합니다. 아파도 가족이 걱정할까 봐 아프다고 말도 못 하고 살아온 이들. 우리 시대의 아버지입니다.

친구! 힘내시게! 몸은 껍데기라 나이 들면 헐거워지겠지만, 마음마저 몸을 떠나면 몸이 얼마나 힘들겠나? '내 몸아, 사랑하는 내 몸아, 잘 이겨내 보자!'라고 되뇌고 또 되뇌길 바라네. 수술 잘 받으시게. 자네는 잘 이겨낼 걸세. 요물 같은 삶이 그대를 수없이 힘들게 했지만, 매번 잘 이겨냈듯이 이번에도 꼭 이겨낼 걸세. 가을에는 코스모스 벌판을 가로질러 붉은 단풍 보며 높은 산도 함께 오르세.

첫걸음

아들이 전역 후 신입사원 연수를 마치고 첫 출근을 했습니다. 일찍 일어나야 한다는 말에 5시 50분 쯤 깨우러 갔더니, 방문 틈으로 이미 경쾌한 비트가 울리고 있었습니다. 첫 출근하던 때가 생각납니다. 버스를 갈아타고 도착한 여의도 신송빌딩의 공기는 학교와는 달랐습니다. 작은 책상을 받고 좋아하던 모습이 눈에 선합니다.

대학 졸업 후 장교로 28개월 복무를 마치고 바로 출근하는 아들을 보니 안쓰럽습니다. 한 번도 제대로 쉰 적이 없습니다. 본인이 선택한 길이니, 즐겁게 해나가기를 바라는 마음뿐입니다. 아마 지금쯤 강남역 사거리 번잡한 도심에 내려, 회사 구내식당에서 아침을 먹으며 기나긴 인생 항해의 출발을 자축하고 있을 것 같습니다. 탯줄이 끊어진 지 오래건만 아들을 바라보는 부모 마음은 물가에 내놓은 아이를 보는 것 같습니다.

아들이 태어나기 직전, 첫 해외 출장으로 미국 워싱턴, 라스베이거스와 LA에 갔습니다. 비행기에서 끊임없이 펼쳐진 알래스카 설원을 보며, 곧 태어날 우리 아이가 설원에서도 살아남을 수 있는 강인한 아이가 되면 좋겠다고 빌었습니다. 시간이 멈춘 듯한 '그랜드 캐니언'이 품은 대자연의 위용 앞에서 '아가야 사랑해!'라고 외쳤습니다. 출장에서 돌아오자마자 아들이 태어났습니다.

"아들 첫 출근 축하한다!"

오늘 아침, 아들을 껴안았습니다. 체온이 그대로 남아 있습니다. 딸아이가 첫 출근 할 날을 상상합니다. 정년을 맞는 마지막 날의 소회는 어떨지 궁금합니다. 길에 뿌린 숱한 발자국이 흐릿하게 떠오르겠지요

구두

구두 1

볼이 유난히 넓던
아버지 구두
아버지는
황학동에서
구두를 사셨다

구두 신은

발이 헐거워 보이더니
어느 날
종이 신을 신으셨다

광택이 나지 않던
아버지 구두

아버지는
황학동에서
구두를 사셨다

아버지 구두에는
늘 흙이 묻어 있었다
고단한 노동자의 삶이
묻어 있었다

황학동 신발가게
그곳에 지금도 가시는지.

모질게 비가 내리더니 비가 그쳤습니다. 빗소리에 잠이 깨면 아버지, 어머니 계신 산소는 괜찮은지 걱정합니다. 청개구리처럼 뒤늦게 울까 봐, 낫 챙겨 들고 아들과 함께 산소에 갔습니다. 아들 얼굴에 땀방울이 맺힙니다. 황학동 신발가게를 지나치면서 아버지를 떠 올렸습니다. 아버지는 황학동에서 모든 것을 조달하셨습니다. 공구도, 부품도, 구두도.

구두 2

현관에 늘어선
구두가 몇 켤레인지
하나, 둘, 셋

숫자를 헤아리며
행복을 마신다

빛을 잃은 구두 한 켤레로
세상을 활보하던
그때가 어제 같은데
기분 따라
세상을 신는다.

아이들이 하나둘 집을 떠나면서 많이 허전했는데, 아들이 전역 후 집에서 출근하니까 집이 가득 찬 느낌입니다. 구두를 닦으면서 첫 출근을 앞둔 아들 구두, 아내 구두도 함께 닦았습니다. 현관에 늘어선 구두만 보면 대가족이 사는 듯합니다. 갈색 구두 먼저 닦고, 검은색 구두를 나중에 닦았습니다. 구두 닦는 모습을 지켜보던 아들이, "엄마, 아빠가 구둣가게 차리셨네요."라고 소리치고는 청소기를 잡고 구석구석 청소를 시작합니다.

"아들이 있으니 좋다. 청소도 다 해주고!" 믹서기 돌아가는 요란한 소리가 들립니다. 옷소매로 이마에 맺힌 땀을 닦는데 아들이 옆에 서서 블루베리 주스를 권합니다. 한 모금, 두 모금 그리고 세 모금. 행복을 마십니다. 구두 닦는 시간이 즐겁습니다.

새벽 5시입니다. 일찍 일어나서 출근 채비하는 아들의 인기척이 들립니다. 내친김에 뒷산에라도 다녀올까 싶습니다.

시월 사랑

해가 뜨고 해가 지고,
봄이 가고,
여름이 가고,
가을이 깊어갑니다.
저 멀리서 겨울이 꿈틀댑니다.
시간보다 앞서서 달리는 생각,
지난 시간에서 헤어나지 못하는 생각,
그런 삶을 삽니다.
오는 시간,

지금이라는 시간,

지나간 시간 어느 것 하나 헛되지 않기에,

오면 오는 대로,

머물면 머무는 대로,

가면 가는 대로 시간을 헤아립니다.

겨울바람 맞으며 메마른 헛기침 남겨놓고 가버린 사랑,

사랑에 목말라 하던 시간.

사랑과 시간이 뒤섞인 채 계절이 지났습니다.

그리고 들리는 풍문,

어쩌면 새로운 사랑이 올지도 모른다고.

자유롭게, 고독하게

열병을 앓은 것도 아닌데 기력이 사라졌는지, 샘물이 말
랐는지, 메마른 시심은 가시만 토해냅니다. 쓰다가 지우고
또 쓰다가 지우면서, '이거 아니야!'라고 외치며 수삼 일을
보냈습니다. 어디론가 여행을 떠나야 하는 것은 아닌지. 찬
바람에 몸을 던지며 낯선 풍경에 취하고 싶습니다. 'Caruso',
'Summer time', 'Now We are Free', 'Adagio', 'Don't Cry For
Me Argentina.' 가슴으로 음표가 날아듭니다. 가을밤이 깊어
갑니다.

새벽 1시, 브람스 교향곡으로 음악을 바꾸었습니다. 브람

스 교향곡 1번 C 마이너, 작품번호 68번.《베토벤 교향곡 10번》이라는 책을 읽은 적이 있습니다. 베토벤의 교향곡 9번 합창 외에 혹시 있을지도 모를 미발표작 10번을 찾는 이야기입니다. 혹자는 브람스 교향곡을 베토벤 교향곡 10번으로 인식해도 무리가 없다고 합니다. 군더더기가 없는 브람스의 곡, 1악장 'Un Poco Sostenuto-Allegro'가 방안에 흐릅니다.

후세의 음악 평론가들은 브람스 음악의 모태를 이룬 것은 한 여인을 평생 말없이 지켜본 열정과 고독이었다고 말합니다. 슈만과 결혼하는 것을 못마땅해 했던 아버지 비크 교수와 6년간의 소송 끝에 결혼에 골인한 클라라, 그처럼 열정적인 여인과 그의 남편이자 자기의 스승인 슈만을 지켜보며 평생 독신으로 '자유롭게 그러나 고독하게' 살다 간 브람스.

14살 연상인 클라라를 흠모하며 평생을 지켜본 브람스를 만납니다. 죽어가는 슈만을 끌어안고 오열하는 클라라를 말없이 지켜보는 사나이, 클라라가 죽자 세상에 더는 미련이 없었는지 이듬해 세상을 떠난 브람스. 어떤 음악 평론가는 브람스의 음악을 가을에 비유하며 가을밤에 그의 곡을 들어볼 것을 권유합니다. 그의 삶을 보면 가을이 맞습니다. 늦가을.

잔잔하게, 소리가 끊어질 듯하다가 이어집니다. 오늘 밤, 클라라를 옆에서 지켜보며 위대한 예술혼을 불태우던 그의 고독을 만납니다. 어쩌면 음악을 듣다가 밤을 지새울 것 같습니다. 10월이 가고 있습니다.

크리스마스 선물

크리스마스이브 자정이 막 지나 집에 들어왔습니다. 기숙사에서 집으로 돌아올 딸의 기분 전환을 해주고 싶어 아이 방의 가구를 이리저리 옮겼습니다.

새벽, 알람 소리가 울리기 전에 눈을 떴습니다. 몸이 무겁습니다. 날이 춥습니다. 바깥 온도는 영하 13도, 뱃속이 허합니다. 아파트 맞은편 떡집이 보입니다. 떡 만드는 모습이 보입니다. 신호등이 바뀝니다. 차를 세웠습니다. 밤새 추위에 냉기가득한 떡만 있습니다. 그냥 하나 집어 들고 편의점에 들러 녹차 한 병을 골랐습니다. 밤새도록 편의점을 지킨 아주머니 표정이 힘들어 보입니다. "고맙습니다. 수고하세요." 마음속으로 위로하며 문을 나섰습니다.

시동을 걸고 음악을 틀었습니다. 어둠 깊은 시간, 공항으로 향했습니다. 그렇게 시작한 하루, 크리스마스이브입니다. 세상 사람들이 손에 손을 잡고 예수님의 탄생을 축복하는 날입니다. 신문에 난 기사가 마음을 아프게 합니다. "교수님, 안녕하세요?" 청소하는 아주머니가 교수에게 인사를 했습니다. "앞으로 나한테 인사하지 마세요." 교수는 이렇게 답했다고 합니다.

'이럴 수가! 이런 못된 교수가 있다니!' 분노가 치밀어 올랐습니다. 울컥했습니다. 비행기가 하늘을 납니다. 옆자리가 허전합니다. 활자가 눈 안으로 들어왔다 나갔다 반복합니다. 연말에 보기로 했던 친구가 문자를 보내왔습니다. "꼭 만나고 싶었는데 미안해." 친구는 아프다고 합니다.

제주도에 간간이 눈이 날립니다. 영하 2도입니다. 아직은 괜찮은 날씨. '믿거나 말거나 박물관' 개관식에 참석했습니다. 카페에서 카페라테를 주문했습니다. 하트가 예쁘게 그려져 있습니다. '먹어야 하나 말아야 하나?' 먹었습니다. 하트를 마셨습니다. 4kg 방어, 회를 뜨고 남은 꼬리가 움직입니다. 아직 살아 있습니다. 눈을 질끈 감고 먹었습니다. 전복을 집어 들었습니다. 살아 있습니다. 내려놓고 싶었습니다. 주위를 살피다 그냥 입에 넣었습니다. 잔인하게 씹었습니다. 전복이 아프다고 소리를 지릅니다.

동참한 VIP들. 세상에는 회장이 많습니다. 그들의 무용담이 펼쳐집니다. 따라 웃습니다. '나도 (관광학회) 회장이다!' 하며 웃습니다. 카페라테 한 잔을 더 마십니다. 하트가 없습니다. 바빠서 못 만들었다고 미안하다고 합니다. 괜찮다고 했습니다. 이미 마음속에 하트가 있으니까. 휴대폰을 매만집니다. 쌍화탕을 마십니다. 몸이 따뜻해집니다.

비행기 탑승 직전 딸아이랑 통화를 했습니다. "가방 하나 사줄까?" 딸이 가방보다 핑크색 러브캣 지갑을 갖고 싶다고 합니다.

딸아이가 어렸을 때 '헬로키티' 지갑을 사주었습니다. 고등학생이 될 때까지도 그 지갑을 계속 쓰고 있었습니다. 어느 날 친구들이 그랬답니다. "너 초딩이니? 아직도 헬로키티 지갑 들고 다니게? 너 오타쿠야?" 친구들의 무심한 말에 딸아이가 상처를 받았나 봅니다. 친구들하고 있을 때면 가방 속에 지갑을 숨기고 지갑에서 돈을 뺐다고 합니다. 핑크색 지갑을 샀습니다. 18만 4천 원. 고등학교 3학년에 올라가는 아이에게는 과한 게 아닌가 싶었습니다.

비행기가 하늘로 날아오릅니다. 김포공항에 어둠이 짙게 내렸습니다. 세상이 얼어붙었습니다. 기온이 점점 내려가더니 영하 16도를 가리킵니다. 춥습니다. 아파하는 사람들. 힘들어하는 사람들. 분쟁의 고통을 겪는 사람들. 대학교수에게 인사하다 거절당한 아주머니가 뇌리에 스칩니다. 따뜻한 선물을 주고 싶습니다. 손이라도 잡아주고 싶습니다.

30여 년 전 대학 1학년 때 늦가을 어느 날, 어머니가 바바리(트렌치코트)를 사 입으라고 3만 원을 주셨습니다. 전에 친구가 바바리를 입고 집에 왔었습니다. 그게 좋아 보이셨는지 힘들게 모은 열흘 치 일당을 주셨습니다. 차마 그 돈으로 옷을 사 입을 수 없었습니다. 미국인 영어 회화 수업을 한 달간 들었습니다. 그리고 한 달 더. 짧은 제 영어 실력의 전부가 되었습니다. 어머니가 주신 선물입니다.

집에 도착해 크리스마스트리 불을 밝혔습니다. 예쁩니다. 다시 새벽입니다. 눈을 뜹니다. '메리 크리스마스!' 온 세상 사람들을 향해 외칩니다. 딸아이 머리맡에 선물을 놓았습니다.

도시의 시간

모모 이야기를 해볼까 합니다. 모모는 다른 사람의 말을 묵묵히 들어줍니다. 사람들은 모모한테 이런저런 이야기를 합니다. 사람들은 이야기하는 동안 스스로 답을 찾고 행복해합니다.

어느 날 도시에 회색 신사가 찾아왔습니다. 그들은 사람들에게 시간을 저축하라고 권유합니다. 사람들은 더는 모모를 찾아가지 않았습니다. 서로를 이해하려던 마음은 사라지고 점점 차가워졌습니다.

회색 신사는 모모에게도 찾아가 시간을 저축하라고 설득

합니다. 모모는 말을 듣지 않았습니다. 그러자 회색 신사는 서서히 연기로 사라집니다. 모모는 거북이 카시오페이아와 함께 사라진 사람들의 시간을 찾아 길을 떠납니다.

어떤가요? 여러분의 시간은? 저축해놓은 시간이 있나요?

어떤 시간은 더 빨리 가고 어떤 시간은 느릿느릿 팔자걸음으로 갑니다. 왜 그럴까요?

그게 시간입니다. 하루의 시간. 그 하루의 시간을 두부 자르듯 잘라서 기억이라는 창고에 넣으려고 합니다. 모모가 찾으러 오면 웃으면서 주려고 합니다.

월요일 아침. 분리수거하러 갔습니다. 어라, 아무도 없었습니다. 낌새가 수상했습니다. 분리수거는 화요일이었습니다. 이렇게 헷갈리면서 살고 있습니다.

버스를 기다립니다. 줄이 늘어서 있습니다. 체감온도는 영하 24도. 고속도로 진용차신이 믹혀 있습니다. 늘어신 차량 행렬처럼 시간이 늘어졌습니다.

워크숍 장소에 도착했습니다. 반갑게 인사를 나눕니다. 캐나다로 전화를 합니다. 컨퍼런스 콜로 발표할 내용에 관해 이야기를 나누고, 요르단에서 만나기로 했습니다.

충무로 지하실에 마련된 창고 같은 스튜디오에 들렀습니다. 발아래 난로를 켜놓고 의자에 쭈그린 채 앉아 있던 권용복 선생이 반갑게 맞이합니다. 물건들이 책상 위에 정신없이 흐트러져 있습니다. 돈이 없어서 카메라를 팔았다고 합니다. 하얗게 센 머리가 힘없이 늘어져 보였습니다. 배낭에서 카메라를 꺼냈습니다. 그의 모델이 되었습니다. 한 컷 두 컷, 컷 수가 늘어납니다. 갑자기 카메라가 작동하지 않습니다. 이럴 수가! 카메라를 AS 센터에 맡겼습니다.

친구에게 문자를 보냅니다. 답이 없습니다. 길을 걷습니다. 이메일을 확인합니다. 뜻하지 않은 편지가 들어 있습니다. 전화합니다. 교보문고에서 만나기로 했습니다.

충무로에서 명동으로 다시 교보문고로 걸었습니다. 무릎이 에일 정도로 시렸습니다. 교보문고 핫트랙스 재즈 코너에서 전에 샀던 헤일리 로렌(Halie Loren)의 'They Oughta Write a Song'을 하나 더 샀습니다. 그녀의 새로 나온 음반 'After Dark'도 챙겼습니다.

배낭을 메고 있습니다. 학부 석사 박사 모두 지도했던 제자 이주현이 선물해준 빨간색 펜디 머플러는 사제지간의 마음처럼 따뜻합니다. 털모자 달린 옷을 입고 있습니다. 헤드셋을 목에 걸고 있습니다. 도시의 시간이 흐릅니다.

자정이 다된 시간, 독서실에 있는 딸아이를 만나러 갔습니다. 바레인과 하는 축구 경기를 보며 하루를 마감했습니다. 다시 해가 밝았습니다. 시간을 찾으러 간 모모와 카시오페이아, 그들은 잃어버린 시간을 찾았을지…… 분리수거하러 갑니다.

남자들의 수다

설 연휴를 마치고 처음 맞는 월요일입니다. 세상이 다시 분주해집니다. 중년 남자들끼리 오랜만에 수다를 떨었습니다. 행복한 시간이었습니다. 친구들이 마음은 20대라고 말합니다. "20대는 그렇고, 난 30대다."라고 호응했습니다.

설 연휴라 하지 못한 일이 많았습니다. 마치 생선 뼈가 목에 걸린 것처럼, 화장실에 갔다가 뒷마무리 못하고 온 것처럼, 할 일을 쌓아두고 처리하지 못해 목덜미가 은근히 뻐근했습니다.

문화체육관광부가 세종시로 가기 전 창경궁 옆 서울과학

관 뒤편에 자리 잡았을 때입니다. 문화체육관광부에 들러 여러 사람을 만났습니다. 일이 생각보다 잘 풀렸습니다. 월요일에 주차 못 하는 번호라, 서울대 장례식장에 주차했더니 주차비가 많이 나왔습니다. 그래도 괜찮았습니다.

인근에 있는 가톨릭 신부 친구에게 전화했습니다. 혜화동 로터리를 두 번 돌아 친구가 있는 거처에 도착했습니다. 저녁 먹고 가라는 친구의 말에 그러기로 했습니다. 출장 가서 촬영한 사진과 그동안 쓴 글 몇 개를 보여주었습니다. 친구는 '울지마 톤즈'에 관한 글을 자신의 블로그로 옮겼습니다.

생각나는 친구들에게 연락을 돌렸습니다. 또 다른 신부 친구와 방송국 PD 친구는 선약이 있다며 아쉬워했습니다. 한성대역 1번 출구 근처에 있는 던킨도너츠에 자리를 잡았습니다. 아메리카노 커피 2잔, 도넛 한 개로 허기진 배를 채웠습니다. 다른 친구가 왔습니다. '채선당'으로 옮겼습니다.

친구가 부사장 직함이 새겨진 명함을 내놓았습니다. "승진했구나? 축하한다!" 친구가 웃습니다. "승진해도 달라진 건 없어, 그게 그거지." 이야기가 꼬리를 물었습니다. 일본 문화, 미국에서 공부하는 친구의 자식들 이야기, 세계 시장에서 우리나라의 경제 위상이 바뀌었다는 이야기가 오고 갔습니다. 친구 한 명이 더 와서 4명이 되었습니다. "잘살고 있니? 너 빨리 함께 살 사람 찾아야지.", "사업은 잘 되니?", "견질 어음에 대해 아니?", "견질 어음은 말이야……."

오래전 여자들의 수다를 소재로 한 영화를 본 적이 있습니다. 남자들의 수다도 만만치 않았습니다.

식당의 손님들이 하나둘 자리를 뜨기 시작했습니다. 은근히 눈치가 보였습니다. 9시 20분, 영업 마감 시간은 10시입니다. 더 있으면 안 될 것 같아 신부 친구의 거처로 옮겼습니다. 방바닥이 뜨듯했습니다. 나이 들면 뜨듯한 구들이 최고라며 모두 좋아했습니다.

세시봉의 주인공들처럼 세월이 묵을수록 친구도 오래된 친구가 좋습니다. 남자들의 수다가 뜨듯한 방바닥 위에서 밤새 피어났습니다. 이런 작은 기억도 뒤돌아보면 소중합니다. 기억이 스멀스멀 사라지는 게 아쉽습니다.

까만 밤하늘에 별 하나 숨어 살아요

1985년 3월 7일 신입생 환영회가 있었습니다. 지도 교수님이 같이 가자고 하시기에 얼결에 따라갔다가 건너편 우측에 앉아 있던 눈이 말그레한 2학년 여학생을 봤습니다. 얼마 후 책자가 든 소포를 받았습니다. 겉봉투에 "까만 밤하늘에 별 하나 숨어 살아요."라고 쓰여 있었습니다. 이해인 수녀의 시집이 들어 있었습니다.

우여곡절을 겪다가 결혼식을 올렸습니다. 여자의 나이는 스물다섯, 남자의 나이는 서른한 살이었습니다. 그렇게 부부가 되어 아들 낳고 딸도 낳았습니다. 아들은 ROTC 장교로 강

원도 양구에서 복무 중입니다. 전역일이 채 100일도 안 남았습니다. 딸은 한의대 본과 1학년으로 연일 시험을 치르며 성장하고 있습니다.

골목길에서 '아무개야!'라고 부르며 놀던 시절이 뜬금없이 떠오릅니다. 엄마 품에서 은하수를 보며 옛날이야기 듣던 그때가 그립습니다. 지지직거리며 울어대던 붙박이 스피커 라디오가 생각납니다.

아랫목에 자리 잡은 청국장 띄우는 냄새를 삶의 일부로 당연하게 여겼습니다. 칼국수 만들고 남은 밀가루를 납작하게 만들어 연탄불에 노릇하게 구워 먹으며 세상 모든 것을 다 가진 듯 좋아했습니다. 구슬치기, 딱지치기, 술래잡기로 시간 가는 줄 몰랐습니다. 달고나 맛이 최고였고, 검은색 타이어 표 고무신을 신으면 다람쥐처럼 날렵했습니다. 산동네에 철거반이 들이닥치면 온 동네가 울음바다가 되었습니다. 어린 눈에도 서러웠던 그때가 이제는 그립습니다.

세상살이, 다 기억하지 못합니다. 잊을 것 잊고, 잊힐 건 잊히며 삽니다. 나이가 들수록 지난날이 흐릿해집니다. 아련한 기억, 그래서 소중합니다.

봉투에 "까만 밤하늘에 별 하나 숨어 살아요."라고 썼던 스물한 살 여학생은 힘든 결혼생활을 어찌어찌 이겨내며 살아

왔고, 도예 작가가 되었습니다. 길다면 긴 세월 용케 잘 달려왔습니다. 앞으로 얼마나 더 달려야 할지 모르지만 아마도 지금처럼 살아가겠지요.

그림자

　분리수거를 채 하지 못하고 허겁지겁 집을 나섰습니다. 버스에 타서 음악을 듣다 깜박 졸았습니다. 이미 버스는 중앙극장을 지나 종로 2가에 다다르고 있었습니다. 하늘이 뻥 뚫린 국세청 건물을 카메라에 담고 있는 사람이 눈에 들어왔습니다. 무슨 일일까? 출입 카드를 목에 걸고 있는 것을 보니 업무 관련인 듯싶었습니다. 늘 보던 길도 자세히 보면 새삼스럽습니다.

　영풍문고로 건너기 전, 구두를 닦았습니다. 구두 닦는 값은 3천 원입니다. 영풍문고 방향으로 길을 건넜습니다. 아직 청계천을 가로지르는 신호등은 빨간불입니다. 차가 오지 않는데도 사람들이 길을 건너고 있었습니다. '건널까 말까?' 착한 사람이 되자, 마음먹고 기다렸습니다.

길 건너, 카페라테를 즐겨 먹던 카페가 눈에 보였습니다. 가게 이름을 '테라스'로 알았는데 아니었습니다. 'Cafe de Marine'이었습니다. 길가에 핀 커다란 버섯, 하얀 소품, 피아노. 그 안에서 과거의 시간이 눈을 흘기고 있었습니다.

승강기에서 시계를 봅니다. 어느새 밤 11시입니다. 시간이 흘렀습니다. 롯데백화점에서 롯데호텔로 옮겨가는 길목에서 본 크리스마스트리가 예뻤습니다. 하늘에서 눈이 내리듯 불빛이 흘러내리는 트리 앞에서 사람들이 사진을 찍고 있었습니다. 휴대폰을 꺼내 들고 몇 컷 담았습니다. 캐널시티에서 본 크리스마스트리가 생각났습니다.

롯데호텔 37층에서 창밖으로 바라본 도심 풍경 불빛이 곱습니다. 아득히 보이는 도로 위로 작은 차들이 움직입니다. 와인 한 잔 입에 물었습니다. 싸한 느낌이 들었습니다. 창에 그림자가 비쳤습니다.

늦은 시간 집에 왔다가 할 일을 마무리하지 못해 다시 연구실로 나갔습니다. 일을 마치니 새벽 1시 반이 넘었습니다. 찬 바람 부는 겨울밤, 주차장으로 걸어갑니다. 그림자가 따라 움직이고 있었습니다. 두 개이던 그림자가 이내 하나가 되었습니다. 혼자라는 것, 둘이라는 것. 숫자가 주는 의미를 잠시 생각했습니다. 그 실존은 바로 나였습니다. 생각하는 나, 존재하는 나.

무심코 지나치는 일상. 눈에 보이는 모든 것을 가슴에 다 간직할 수 없습니다. 돌부리에 걸려 넘어진 날을 잠시 기억하고, 아파서 슬펐던 날을 기억하고, 사랑했던 사람과 헤어졌던 날을 기억하지만, 수없이 반복하는 보통의 나날은 기억하지 못합니다.

하루를 마무리하는 시간, 그림자를 봤습니다. 늘 함께하던 그림자였지만 잊고 있었습니다. 소중한 것을 기억하지 못한 채 삽니다. 사랑도 그러하겠지요.

문고리

10월에 결혼하는 아들의 전셋집을 계약했습니다. 어림잡아 100일 정도면 아들은 집을 떠납니다. "오빠가 이제 집에서 나긴다. 제 삶을 살아갈 날이 100일도 안 남았네."라고 했더니 딸아이가 울음을 터뜨립니다. 딸아이의 울음소리에 아들이 놀라서 달려오고, 외출했다가 막 들어오던 아내도 무슨 일이냐며 눈이 휘둥그레졌습니다.

아들의 독립을 자연스럽게 받아들이는 아비의 마음은 담담한데, 엄마와 동생은 그렇지 않았습니다. 그런데 이상합니다. 딸아이가 시집간다고 생각하면 가슴이 아주 허전합니다.

아들딸 차별이 없는데도 그렇습니다. 딸에 대한 이 세상 아빠들의 마음은 모두 비슷하리라 생각합니다.

'뚝섬수도 한 씨'라는 자작곡이 있습니다. 자전거에 연장 하나 달고 다니며 수도, 보일러 고쳐주던 뚝섬수도 한 씨는 먼 곳으로 가신 지 오래되었습니다.

뚝섬수도 한 씨의 손자가 장가갑니다. 바깥사돈이 신혼집에 흔적을 남기고 싶다며 헌 문에 페인트를 칠하고 도배를 했습니다.

아들하고 거실, 안방, 작은방 도배를 했습니다. 어린 시절 산동네 집을 도배하던 기억이 났습니다. 오공 접착제로 쪽 장판을 맞춰가며 장판을 깔고 가장자리에 실리콘을 쏘았습니다. 전원 스위치와 콘센트를 모두 교체했습니다.

아들이 인터넷으로 문고리를 주문했습니다. 아들과 힘을 합쳐 헌 문고리를 떼고 전부 바꿔 달았습니다. 아버지의 피가 흘렀는지 뚝섬수도 한 씨의 힘이 손끝에서 모락모락 피어났습니다.

어제 오후 장인어른이 문자 메시지를 보내셨습니다.

"상욱이 새 둥지에 가봤어. 예쁘게 깔끔하게 꾸며놓았더 군. 양가의 예술 작품이었어. 60년 전 나와 30년 전 사위가 생 각났어. 환각처럼, 지나간 공간 속에 서 있는 겨울나무를 보았어. 포근한 둥지에 웃음이 가득하고 자장가 소리 울리라고 기도했어. 석양 노을빛이 환상적이었어. 고마워."

아침이 밝아옵니다. 오늘 밤만 지나면 아들은 신혼집 문고리를 만지며 자기 삶을 시작합니다.

길에서

세상이 얼어붙었습니다. 연일 맹추위가 기승을 부립니다. 길에서 2시간 정도 덜덜 떨었더니 마치 온종일 혹한에 시달린 것 같습니다. 가래떡에 고추장소스를 바르는 아주머니가 보입니다. 온기 찾아 헤매는 노숙자, 옷깃을 여미고 총총걸음으로 가는 사람들이 보입니다.

버스 몇 대를 놓쳤습니다. 추워서 얼른 타고 싶었는데 은근히 속상했습니다. 전철을 탈 걸 괜히 버스를 기다렸다고 생각하면서 오기로 계속 버스를 기다렸습니다. 떡볶이, 어묵, 부침개, 계란빵에서 뜨거운 김이 올라왔습니다. 갑자기 뜨뜻한 음식이 먹고 싶어졌습니다.

주머니 사정이 넉넉지 않던 대학 시절이 생각났습니다. 주머니 두둑한 선배, 동기와 후배 뒤를 따라다니곤 했습니다. 저렴한 비용으로 배를 채울 수 있는 학교 앞 튀김 골목을 자주 찾았습니다. 튀김과 막걸리 몇 잔이면 세상 부러울 게 없었습니다.

이안수 형 집은 최고의 아지트였습니다. 잠을 잘 수도 있었고, 무엇보다 안수 형의 형수님이 갈 때마다 밥을 챙겨주셨습니다. 하루 이틀도 아니고 수시로 찾는 시동생 후배가 속으로 꽤 미우셨을 법도 한데, 싫은 내색 한 번 보이지 않았습니다.

뉴욕에 사는 후배 김병호 생각이 납니다. 아버지는 출판사를 운영하시고, 어머니는 종각 뒤편에서 영양돌솥밥 식당을 하셨습니다. 후배 주머니는 두둑했고 인심도 넉넉했습니다. 후배 집에 갔을 때, 액자 하나가 눈에 들어왔습니다. '정확한 분석, 신속한 판단, 강력한 추진'이라고 쓰인 글이었습니다. 글을 보는 순간, '저건 내 거다!'라고 생각했습니다. 후배 집에서 밥도 먹고 인생 좌표까지 얻었습니다.

사람들이 계란빵 사는 곳에 많이 몰려 있습니다. 나도 한 봉지를 샀습니다. 얼른 입에 넣어 한입 크게 베어 물었습니다. 버스를 기다리며 모두 먹었습니다. 추위가 물러난 듯 속이 따뜻해졌습니다.

길에서 수많은 사람의 인생을 봅니다. 일터로 가는 발길, 집으로 돌아가는 발길을 봅니다. 삶의 무게가 힘겨워 시름 가득한 사람, 좋은 일이 있었는지 얼굴이 밝은 사람도 보입니다. 하나라도 더 팔려고 안간힘을 다하는 노점상의 모습도 보입니다. 오늘도 내일도 사람들은 길을 오갑니다. 환상을 보는 것처럼 사람들의 모습이 반복됩니다. 어제가 오늘 같고 작년이 올해 같습니다.

손을 꼭 잡은 연인을 봅니다. 미소가 행복해 보입니다. 헤어짐이 아쉬운지 꼭 안고 있습니다. 가볍게 입맞춤합니다. 창밖의 연인이 손을 흔듭니다. 버스에 탄 연인이 창문에 서린 습기를 닦으며 하트를 그립니다. 버스가 움직입니다. 두 사람을 바라봅니다. 사랑이 피어납니다.

추억이 길 위에서 숨 쉽니다. 골목길 사이로 산동네 어린 시절 기억이 피어납니다. 지지리도 못 살았던 시절, 끼니 걱정하는 사람들의 축 늘어진 어깨가 보입니다. 백열전구를 끄면 밤이 찾아오고, 백열전구를 켜면 새벽이 오는 산동네 골목의 시간입니다. 쌀과 연탄만 있으면 마음 푸근하던 시절입니다. 굴뚝에 피어나는 뭉긋한 연기, 어디선가 풍기는 밥 짓는 냄새, 연탄가스에 취해 동치미 마시며 정신 차리던 그때가 생각납니다. 얼굴이 빨갛게 달아오르고 누런 코가 들락거려도 행복했습니다. 달그락달그락, 쌀독의 밑바닥을 긁으며 속 태우는 아낙네, 종이봉투에 쌀 몇 되 사 들고 들어서는 사람, 새끼줄에 꿴 연탄을 들고 가며 "오늘은 등 따스하게 자겠구나!"라고 읊조리는 그림자도 보입니다.

학창시절 피맛골은 맛있는 냄새로 가득했고, 어깨가 닿을 정도로 사람이 많았습니다. 도시 재개발로 대부분 사라졌고, 피맛골을 보전해야 한다는 요구에 새로 지은 건물 1층마다 회랑을 만들어 흔적을 남겼습니다. 종로에서 인사동으로 꺾어지는 첫 번째 골목은 여전히 과거 그대로입니다. 엉기성기 엮여 있는 전깃줄이 바람 소리를 내며 피맛골이라고 외칩니다.

무교동 한국관광공사 뒤편에, 학회 행사를 마치고 단체로 들르던 '남포 면옥', 맥주와 골뱅이, 사이다병 소주로 유명한 '대성 골뱅이신사'가 있습니다. 이곳은 언제까지 버틸지? 도시 재개발 바람을 누가 막을 수 있을지? "골목길 들어설 때면……" 노랫가락이 입안에서 감돕니다.

길에서 추억을 곱씹습니다. 지나간 것은 아름답습니다. 지나간 것은 그리움입니다. 길에 서 있던 사람들, 하나둘 제 갈 길을 찾아갑니다. 길에 다시 사람이 모입니다. 저마다 인생길을 찾아 오늘도 내일도 움직입니다.

길을 걷습니다. 인생이라는 길을 걸어갑니다. 길에서 사랑을 꿈꿉니다. 세상의 꿈이 길에 소복이 내려앉습니다. 길을 걷습니다. 사랑에 목말라하며 인생이라는 길을 걷습니다. 당신의 발걸음이 보입니다.

영등포 시인, 허만길 선생님

영등포 시인으로 불리는 허만길 선생님은 고등학교 은사님입니다. 선생님을 처음 뵌 것이 1975년 3월이니 세월이 많이 흘렀습니다.

허만길 선생님은 학생들이 가장 본받고 싶어 하던 사표 그 자체였습니다. 허름하지만 정갈하게 차려입은 선생님의 옷매무새, 조지훈의 승무를 가르치실 때 덩실덩실 춤을 추시던 모습이 눈에 선합니다. 교탁 위에서 승무를 몸동작으로 표현하던 모습은, 승무가 아닌 학춤으로 보였습니다. 소년처럼 발그레한 얼굴로 "아무개야! 잘 있었냐?"라고 정겹게 부르시던 모습은 동화 속 선생님의 모습이었습니다. "다들 길을 가로질러 건너도 선생님은 멀리 빙 돌아서 건널목을 건너시더라!" 학생들 사이에 선생님은 늘 이야깃거리였습니다. 선생님은 '우리말 사랑 운동'에도 온 힘을 다하셨습니다. 살아 있는 배움터였습니다.

선생님의 일거수일투족을 따라 배우며 국어 교사의 꿈을 키웠습니다. 국문학과로 진학하지 않고 관광학을 가르치는 교수가 되었지만 시는 계속 쓰고 있었습니다.

1990년대 중반 실업계 고등학교용 '관광 일반' 교과서를 집필하느라 문교부를 들락거렸습니다. 그때 문교부 편수관으로 계시던 선생님을 우연히 뵈었습니다. 선생님과 인연이 다시 이어졌습니다.

선생님께서는 국문학과 교수라고 모두 시를 잘 쓰는 것은 아니라며 "시재가 아까우니 등단하자."고 수없이 권유하셨습니다. 이태백이나 두보가 등단해서 시인이 되지 않았듯, 그냥 마음 가는 대로 쓰는 자유에 취했던 터라 여러 차례 웃음으로 넘겼습니다. 선생님께서는 작심하셨는지 시인 등단을 권유하는 편지를 수십 통 보내셨습니다. 결국 시 공부를 새로 시작했습니다.

시를 써서 보내라는 선생님의 말씀에 한 수 보내드렸습니다. 다음날 "제목을 바꾸고 1연을 다듬으면 좋겠다."는 답신을 받았습니다. 제목을 바꾸고 1연을 다듬어 다시 보냈더니, "초등학생이 수필을 써놓고 시라고 우기는 격이다."라고 질책하셨습니다.

시에 대한 그간의 생각이 흔들렸지만, 시작하는 마음으로 선생님의 일깨움을 받아들였습니다. 수십 년간 시를 써왔는데 오십이 넘어서 뜻하지 않게 시 습작을 다시 했습니다. 그렇게 시작에 몰두하던 중 선생님께서 "쓰는 것을 멈추고, 3천 편을 읽은 후에 다시 쓰라."라고 말씀하셨습니다. 시를 읽던 중에 선생님의 전화를 받았습니다.

"몇 편 정도 읽었나?"
"2천4백 편 정도 읽었습니다."
"내 마음이 조급해서 안 되겠다. 한번 써서 보내봐라."

그간 쓰고픈 마음을 꾹꾹 누르고 있어서였던지 시가 꼬리를 물고 나왔습니다. 선생님께서 등단용 시를 골라주셨습니다. 몇 곳의 문학 전문지를 추천하시며 대학교수라는 신분을 밝히지 말고 응모하라고 말씀하셨습니다. 이런 과정으로 시는 '순수문학'에서, 시조는 '문학공간'에서 등단했습니다.

등단 소식을 먼저 확인하신 선생님이 축하 난을 보내주셨습니다. 중년이 된 제자가 선생님의 사랑을 듬뿍 받는 기쁨을 누렸습니다. 그동안 이런저런 일로 많은 난을 선물 받았지만, 가장 귀한 난이 되어 연구실을 지켰습니다.

아들 혼사 등이 겹쳐 한동안 연락을 못 드렸습니다. 선생님께 연락을 올릴까 하다가 부담을 드리는 것 같아 마음으로만 모셨습니다.

"허만길 선생님이 우편환을 보내셨습니다."

어느 날 외출했다가 돌아오는 길에 집배원의 전화를 받았습니다. 마치 선생님이 집 앞에서 기다리시기라도 한 듯 가슴이 뛰었습니다. 신호등이 두어 번 바뀐 뒤에야 현관 앞에서 집배원을 만났습니다. 고마운 마음에 뭐라도 드리고 싶어 차 안을 둘러보았지만 마땅한 것이 없었습니다. 아내가 졸릴 때 먹으라고 두었던 사탕이 생각나 한 움큼 집어 들고 차에서 내렸습니다. "기다려주셔서 고맙습니다. 마음으로 받아주세요." 사탕을 집배원의 주머니에 넣어드렸습니다. 집배원의 표정이 밝아졌습니다. 제 마음도 따뜻해졌습니다. 노구의 선생님께서 보내주신 우편환은 그 무엇과도 비교할 수 없는 감동이었습니다.

"보내주신 축하 우편환은 그대로 간직하겠습니다. 아들에게 물려주어, 선생님의 사랑을 가득 받은 아버지였다고 자랑하고, 사랑받을 수 있는 사람이 되라고 하겠습니다."

선생님께 마음으로 큰절 올렸습니다. 존경하는 선생님이 계셔서 참으로 행복했습니다.

스승의 날이라고 여러 제자가 소식을 보내왔습니다. 주머니가 가볍지만, 참 고맙고 행복한 인생길을 가고 있습니다.

청출어람 하라 하시네

신체발부수지부모(身體髮膚受之父母)라는 말이 있습니다. 신체와 터럭(머리털), 살갗은 부모에게서 물려받은 거니 몸을 소중히 하는 게 효도라는 말입니다. 효는 백행지본(百行之本)이라는 말도 있습니다. 효가 인류의 으뜸 덕목이라는 뜻입니다. 부모 없이 이 세상에 태어날 수 없습니다. 부모님이 살아 계실 때 효를 다하지 못하면, 돌아가신 후 안타까움이 더 커집니다.

부모 못지않게 가르침을 주는 이가 스승입니다. 평생을 배워도 다 못 배우는 게 배움입니다. 삼인행이면 필유아사(三

人行必有我師), 세 사람이 길을 가면 그 가운데 반드시 스승이 될 만한 사람이 있다는 말입니다. '스승의 그림자는 밟지 마라'라는 말은 스승 대하기를 부모와 같이하라는 뜻입니다. 이런 이야기를 하면, 자칫 '꼰대'라는 말을 듣기 십상입니다.

아버지, 어머니, 장인, 장모 네 분의 부모님 중 세 분이 먼 길 떠나셨고, 장인어른 한 분만 생존하십니다. 매일 안부를 여쭙지 못한 채 하루건너, 어떨 때는 며칠 동안 무심하게 지나곤 합니다.

부모님 없이 이 세상에 존재할 수 없듯이, 스승 없이 지금의 내가 없음은 자명합니다. 초등학교 시절부터 수많은 선생님으로부터 가르침을 받으며 성장했습니다. 존경하는 선생님이 있는가 하면, 그렇지 않은 선생님도 있습니다. 돌이켜보면, 그래도 좋은 선생님을 많이 만났습니다.

초등학교 모임에서 스승의 날에 은사님을 여러 해 보셨습니다. 코흘리개 어린 시절 추억이 모락모락 피어났습니다. 어느 해인가 선생님들이, "이제 우리 모두 노쇠했어. 움직이는 게 쉽지 않아. 자네들이 우리를 이렇게 매년 불러주니 고마워. 우리는 행복한 선생들이야. 하지만 다음부터는 부르지 않았으면 해."라고 말씀하셨습니다. 스승과 제자의 만남도 '세월이 가로막는구나!'하고 생각했습니다.

눈을 감았다 뜨면 떠오르는 선생님이 여러분 계십니다. 초등학교 5, 6학년 때 담임이셨던 박명구 선생님이 생각납니다.

어느 날 선생님이 "우리 반에서 누가 말을 제일 잘하지?"라고 물으셨습니다. 아이들이 이구동성으로 "한범수요!"라고 답했습니다. 이를 계기로 웅변 원고를 받아들게 되었고, 고등학교에 입학해 변론반이라는 동아리 활동을 하게 되었습니다. 덕분에 대중 앞에서 이야기하는 게 두렵지 않게 됐습니다.

고등학교 때 가장 영향을 주신 선생님은 국어를 담당하셨던 허만길 선생님이었습니다. 선생님을 보며 국어 선생님이 되고 싶었습니다. 그 뜻을 이루지 못했지만, 선생님의 권유로 시인으로 등단하게 되었습니다. 선생님이 손수 써주셨던, '시평' 맺음말에 있는 글입니다.

"자네는 2014년 9월 12일 인사차 좁은 골목길 안에 있는 내 집을 겨우 찾아왔었지. 다음 날 자네는 나에게 이메일로 못다 한 인사말을 적어 보낸 일이 있었네. 나는 그 이메일을 읽고 9월 14일 자네한테 답글을 보냈었지. 다시 그때의 글을 가슴에 새겨주면 좋겠네. '예나 지금이나 한결같이 착하고 성실하고 듬직하고 모범적인 자네의 모습이 떠오르네. 자네는 학문도, 교육도, 관광 정책 부문에서도 뛰어난 능력을 발휘하지만,

섬세하고 부드러운 감성을 치밀하게 표현할 줄 아는 문장력이 탁월하네. 문인으로서 넓은 길을 열어가길 바라네."

고등학교 1학년 담임이셨던 민병기 선생님도 빼놓을 수 없습니다. 광주광역시 김대중 컨벤션센터에서 한중일 3개국 청소년 포럼이 열렸을 때, 포럼의 좌장을 맡았습니다. 행사장에 도착했을 때 선생님께서 청소년 포럼 환영사를 하시고, 박사과정 제자인 김진곤 과장이 정부를 대표해 행사를 진행한다는 것을 알았습니다. 스승과 제자, 그 제자가 함께하는 행사였습니다. 졸업한 지 40년도 넘어 고등학교 친구들과 선생님을 모시고 월봉 서원으로 뒤늦은 수학여행을 갔습니다. 선생님께서, "흔치 않아, 흔치 않아, 이런 모임 흔치 않아!"라며 건배사를 하시던 모습이 눈에 선합니다.

학부, 석사, 박사 논문을 모두 지도하셨던 심사헌 교수님은 가장 많은 은혜를 베푸셨습니다. 석사 시절 교수님 댁에서 저녁 식사를 한 날을 꼽으면, 아마 연중 절반은 넘을 것 같습니다. 한 끼 식사를 챙기는 게 어려웠던 시절이었습니다. 자취방 연탄이 떨어지면 연탄을 사주시고, 감기 걸려 고생하면 토종 꿀을 들고 오셨습니다. '청출어람(靑出於藍)' 하라며 엄격하게 가르치셨습니다. 민간 연구기관에서 연구원으로 오라고 했을 때, 시험 봐서 정부출연 연구기관에 들어가라고 하셨습니다. 학문의 길로 이끌어 주시고, 최고의 사랑을 베푸셨습니다.

대학 시절부터 박사 학위 받을 때까지 많은 배움과 사랑을 듬뿍 주신 박석희 교수님도 빼놓을 수 없습니다. 박 교수님의 심부름으로 KDI를 방문했을 때, 이런 곳에서 일하고 싶다고 생각했습니다. 이런 생각이, 훗날 정부출연 연구원에서 일하게 한 힘이 되었습니다.

아기를 키울 때 온 마을 사람이 손을 보탠다는 말처럼, 수많은 스승의 가르침이 있어야 온전한 사람으로 성장할 수 있습니다. 지금의 내가 되기까지 정말 많은 선생님을 만났습니다. 인류 지성을 이끈 수많은 철학자, 사상가, 문학인도 훌륭한 스승이었습니다.

고려가요 '가시리'와 김소월의 '진달래'의 형식과 느낌을 빌려, 선생님을 생각하며 쓴 사사곡(思師曲)을 옮깁니다.

사사곡

가시리 가시리잇고 어디로 가시리잇고
눈 푸른 꼿꼿 선비 어디로 가시리잇고
가시고 남은 빈자리 허전함을 어쩔꼬

가시는 그 길 따라 마음을 펼치오니
비단은 아니어도 진달래 아니어도
고운 길 큰 걸음으로 저벅저벅 가소서

가시리 가시리잇고 어디로 가시리잇고
스승님 귀한 말씀 청출어람 새기며
하늘땅 가슴에 담아 두 손 모아 빕니다.

글자를 늘여갑니다

1. 낮

"범수야 이거 먹으렴."

원열이 아줌마의 손길을 뿌리친다……
어깨가 작아진다
배가 고프다
판잣집 작은 창에 목을 내민다

2. 어둠

어둠이 깔린 골목
엄마는 보이지 않고
창에 걸린 목만 점점 길어진다

"으악!"

외마디 비명
푸성귀 보따리가
어둠 속으로 사라진다
골목에 쓰러진 엄마
밭일 품삯은 온전했는지
쓰러지시던 그 닐
골목 풍경이 가슴으로 숨는다

3. 어느 날

터벅터벅
작은 발걸음이 모여
뚝섬 경마장으로 간다
밭일하는 사람들
엄마가 보인다

4. 또 다른 날

왕십리 중앙시장을 헤매는 꼬마들
순경 아저씨가 탄 트럭들이 몰려든다
사람들이 자취를 감춘다

"아저씨 우리는 어떻게 해요?"

순경 한 사람이 방앗간으로 몰아넣는다
우당탕퉁탕
비가 내린다

눈이 맵다

순경들과 또 다른 사람들이 싸웠다

아이들 찾으러 온 아줌마들

아이들이 엄마를 안고 운다

우리 엄마는 없다

5. 오늘

엄마를 보러 간다

햇살 좋은 곳으로

그곳은 판잣집이 아니다

그곳은 골목도 없다

여섯 살 꼬미

세월을 가로질러

오십 중반이 되어

엄마 만나러 간다.

눈을 뜹니다. 휴대폰에 기형도 시인의 시 '엄마 걱정'이 떴습니다. "열무 삼십 단을 이고 시장에 간 우리 엄마 안 오시네,

해는 시든 지 오래……" 어린 시절 제 이야기입니다. 엄마가 밭일 가고 나면 텅 빈 판잣집. 누나 따라 학교에 갔습니다. 누나 선생님이 얼굴을 닦아 주시고 먹을 것을 주셨습니다. 교실 뒤에 앉아 누나의 수업이 끝나길 기다렸습니다.

'푸성귀 담긴 보따리가 사라졌을 때 어머니는 우셨을까?' 세월이 지난 지금도 가슴이 먹먹해지고 눈이 흐려집니다. 세월 따라 어머니의 손마디는 굵어졌고 얼굴에는 깊은 주름이 새겨졌습니다. 길가에서 푸성귀를 펼쳐 놓고 사줄 사람을 하염없이 기다리는 할머니들 속에서 어머니의 모습을 봅니다.

초등학교 들어가기 전 어머니가 몹시 아프셨습니다. 형들은 공장에 가면 되고 누나는 식모 가면 되지만, 나는 어떻게 하나며, "엄마 죽으면 안 돼……." 하는 나의 말에 어머니가 우셨습니다. 차마 죽을 수 없어서 그러셨는지 수십 년을 더 사셨습니다.

돌아가시기 전날, 어머니는 병원에서 집으로 가시겠다며 "조(저)고리……" 하며, 힘겹게 말을 떼셨습니다. 그리고 유언처럼 남기신 말씀 "나는 너희들밖에 없어."

중환자실에 어머니를 두고 집에 왔습니다. 그날 유독 발걸음이 움직이지 않았습니다. 새벽에 전화벨이 울렸습니다. 어머니는 그렇게 세상을 떠나셨습니다. '엄마'라는 단어를 가슴에 품었습니다. 그날 이후 눈물이 많아졌습니다.

밤 9시부터 잠에 취했습니다. 새벽 3시쯤 눈을 떴습니다. 엎치락뒤치락하다, 간신히 다시 잠 들었습니다. 꿈에서 어머니를 뵈었습니다. 어머니 얼굴을 만졌습니다. 어머니의 깊은 주름이 사라졌다고 신기해하며 어머니의 얼굴을 만졌습니다. 어머니는 빙긋이 미소만 짓고 계셨습니다. 어머니의 왼쪽 팔을 베고 누워 손으로 어머니의 얼굴을 만졌습니다.

아버지도 뵈었습니다. 뚜렷하지는 않았지만 편안한 모습이셨습니다. 어머니와 아버지를 모두 만난 행복한 밤이었습니다. 서해에는 눈이 10센티미터 쌓이고, 한강은 얼어붙고, 중랑천마저 얼어붙은 추운 날, 어머니와 아버지가 꿈에 나타나셨습니다. 꿈을 깨지 않고 더 오래 있으면 좋았을 텐데, 그만 깨고 말았습니다.

두 분의 사랑으로 태어났습니다. 힘겨운 생활이시만 사랑 듬뿍 받으며 성장했습니다. 돌아가시면서도 막내아들이 있어 자랑스럽다고 하셨습니다. 그런 부모님의 임종을 한 번도 지키지 못했습니다. 평생 고생만 하다 돌아가신 부모님. 매일 밤 "아이고, 아이고" 하며 아프다고 소리치시던 아버지의 앓는 소리가 귀에 생생합니다.

몇 년 전, 농구 시합을 하다 무릎을 다쳤을 때 아버지의 아품이 어떠했는지 가늠한 적이 있습니다. 자식은 X-Ray, CT 촬영까지 하면서 왜 아픈지 진단하고 약을 먹었는데, 아버지는 제대로 치료받지 못한 채 아파하셨습니다. 잘해야 파스 붙이는 것으로 만족하셨고, 아들은 그런 게 당연하다는 듯 지나쳤습니다.

돌아가시기 몇 달 전, 어머니는 여느 때보다 땀을 많이 흘리셨습니다. 여기저기 아프다고 하시며 진통제만 사다 드셨습니다. 땀을 너무 많이 흘려 보청기가 고장 났습니다. 보청기를 맞추는 곳에서 아들 오길 기다리시던 어머니와 아버지. 지금까지 살아계셨다면 그때보다 조금은 더 잘해드릴 수 있었을 텐데, 가슴이 아립니다.

나이가 들어도 어머니가 그립고 아버지가 그립습니다. 언젠가 백발이 성성하고 기력이 쇠해서 움직임이 둔해져도 두 분이 그립겠지요. 아마도 그러하겠지요.

어머니 사랑합니다. 아버지 사랑합니다. 이렇게 꿈에라도 자주 뵈면 좋겠습니다. 두 분을 놓고 싶지 않아 자꾸자꾸 글자를 늘여갑니다.

3부　　　　　**사랑이 지금이라고 말한다**

세상살이, 바람 불지 않는 날 어디 있으랴.

삶이 말한다. 지금을 사랑하라고.

아무것도 아닙니다

아무것도 아닙니다

그저 그냥

하늘이 파래 그렇습니다

아무것도 아닙니다

나뭇잎이 바람 따라

하늘거려 그렇습니다.

눈빛 시린 하늘

가슴 시린 오늘

당신은 어디에 계시나요?

당신은……

쪽빛 물빛

뚝 떨어지는 가을입니다

오랜만에 파랑창고에 왔습니다. 하늘은 구름 한 점 없이 파랗고, 나뭇잎은 햇빛에 반짝입니다. 이곳에서 보내던 나날들, 시간이 누적되었습니다.

이곳을 다녀간 숱한 이들이 떠오릅니다. 다들 어디서 무엇을 하고 있을지. 어디론가 길을 떠나고 있고, 햇빛 받으며 꾸벅꾸벅 졸음을 청하고 있을지 모릅니다. 창 넓은 카페에서 사랑하는 이를 떠올리며 커피를 마시고 있을지 모릅니다.

가을입니다. 그리움입니다. 누군가 그리운 계절입니다. 지나간 시간이 그립고, 기억 속에 흐릿해지는 얼굴이 그리운 계절입니다. 벽에 '파랑창고'라고 쓰던 내가 엊그제 같은데 세월이 흘렀습니다. 가을에 지난날의 그리움을 적습니다. 가을에 다가올 그리움을 적습니다.

소리 없이 흐를 시간

한방병원에서 인턴 수련 중인 딸아이에게서 오전 11시부터 오후 1시, 아니면 오후 2시부터 4시까지 외출할 수 있다는 문자가 왔습니다. 갑자기 생긴 첫 외출입니다.

메시지를 받자마자 곧바로 달려갔습니다. 늦은 점심을 먹으며 그간의 이야기를 들었습니다. 낯선 환경에 적응하느라 힘든 나날을 보내고 있어 마음이 안쓰러웠습니다. 세상살이 쉬운 게 하나도 없으니 잘 이겨내라고 말하고 싶었지만 아무 말 하지 않고 듣기만 했습니다. 식사 후 카페로 자리를 옮겨 커피를 마시는데 아들 부부가 달려왔습니다.

아들이 대학 입학 후 원룸을 얻어나간 그다음 해, 딸아이는 기숙사가 있는 고등학교에 입학해 집을 떠났습니다. 두 아이가 떠난 뒤 한동안 빈 둥지 증후군을 겪었습니다.

시간이 흘러 아들은 대학을 졸업하고 ROTC 장교로 군 복무 후 결혼해서 분가했습니다. 딸은 고등학교 3년 기숙사 생활을 마치고, 한의대 다니느라 6년간 더 집을 떠났습니다. 올 2월 졸업 후 잠시 집에 머무르다가, 2월 말부터 인턴 수련을 위해 다시 집을 떠났습니다.

카페에서 아주 짧게 만나고 딸아이가 근무하는 곳에서 10여 분 정도 더 머무르다 일어섰습니다. 아들 부부는 자신들의 집으로, 딸은 병동으로, 아내는 취미 생활터로 각자 행보를 달리했습니다. 집으로 돌아오는 길, 일요일 오후의 세상을 바라봤습니다. 늘 그러하다는 듯 세상은 제 갈 길을 갑니다.

헤어질 때 이들이 준 AKG HARMAN 헤드셋을 쓰고 소파에 앉아 음악을 듣고 있습니다. 라흐마니노프 피아노 협주곡 3번이 흐릅니다. 애써 그 소리를 가슴에 새깁니다. 피아노 건반이 묵직하게 움직입니다. 스트링 선율이 에워쌉니다. 거실밖에 어둠이 깔립니다. 앞으로 숱한 나날이 소리 없이 흐를 것을 직감합니다.

다정이 해 뜨러 간다

기다리고 기다리던 첫 손녀 다정이가 울음을 터뜨리며 세상에 나왔습니다. 엄마 배 속에 있을 때, "폐동맥이 얇고 심장 판막에 기흉이 있다."라는 이야기를 들었습니다. 걱정이 컸지만, 우리 아가가 잘 이겨내리라 믿었습니다.

태어나자마자 신생아 중환자실로 옮겨 초음파 검사를 했습니다. 생후 3개월에 폐동맥과 심장 판막을 동시에 수술할 예정이었는데, 폐동맥이 제 기능을 하지 못해 태어나자마자 바로 스탠스를 삽입하는 시술을 하기로 했습니다.

신생아 중환자실에서 촬영한 아기 모습을 보면서, '우리

아가 힘내라, 다 잘 될 거야!'라고 빌었습니다. "한다 하면 하는 한다정, 예쁜 아가 한다정! 할 수 있다! 한다정!"하고 응원했습니다.

다정이가 태어나기 한 달 전인 4월 27일, 역사적인 남북 정상 회담이 판문점에서 열렸습니다. 다정이는 2018년 5월 27일 오전 9시 46분에 태어났습니다. 엄마 생일은 4월 3일, 아빠 생일은 1월 24일입니다. 엄마와 아빠의 생일 숫자를 더한 5월 27일이 다정이 생일입니다.

5월 27일 10시, 대통령이 전날 갑자기 이루어진 2차 판문점 정상 회담 결과를 발표했습니다. 다정이가 태어나는 순간, 한반도의 평화와 번영을 기원하는 마음의 힘이 온 누리에 가득했습니다. 새로운 세대의 탄생, 우리 다정이가 살아가는 세상이 아침 햇살처럼 곱디고운 행복이 가득하길 빌었습니다.

다정이 이름은 '그게 온 누리를 다 밝히며 떠오르는 해'라는 뜻입니다. 예쁜 아가 다정이가 먼 별에서 오느라 많이 힘들어합니다. 엄마 아빠와 친가, 외가 가족 모두 두 손 모아 힘내라고 응원하고 있습니다. 다정이가 잘 이겨내도록 모두 기도하고 있습니다. 세상을 맞이하는 아픔 이겨내고 이름처럼 되리라 믿습니다.

다정이가 태어난 날 저녁 초음파 촬영 결과, 예상보다 좋지 않아 CT 촬영을 했습니다. 폐동맥 시술을 할지도 모른다는 말을 듣고 마음이 무거웠으나, 의사 선생님의 판단을 따를 뿐 달리 방법이 없었습니다.

마침 안사돈이 막 도착했습니다. 며느리가 힘들어 보였습니다. 어제 출산했을 때는 통증도 없고 예후가 좋았는데 통증이 심해서 낮 면회 시간에 아가를 보러 가지 못했다고 합니다. 아들이 많이 예민해 있었습니다. 월요일 아침 교무회의에 참석하러 가서도 병원에 있는 다정이 생각만 났습니다. 태어나자마자 각종 의료 장비를 달고 있는 다정이 모습이 내내 아른거렸습니다. 회의를 마치자마자 병원으로 달려갔습니다.

다정이 낮 면회 시간은 오후 1시 반부터 2시까지입니다. 30분 안에 4명이 면회해야 해서 시간이 촉박했습니다. 면회는 부모와 조부모까지만 허용됐습니다. 아내와 함께 먼저 면회하고, 이어서 아들이 안사돈과 들어가기로 했습니다. 신발에 덧신을 신고, 비닐 옷을 입고, 마스크를 하고, 손을 닦은 후 의료용 장갑을 꼈습니다.

신생아 중환자실 B방에 다정이가 있었습니다. 들어서자마자 왼편에 있는 아기가 다정이임을 직감했습니다. 호흡을 돕는 기계 장비가 '쎄쎄' 소리를 내고 있었습니다. 영상으로 봤을 때는 커 보였는데, 막상 눈으로 본 다정이는 손으로 안는 것

조차 조심스러운 체중 3.13kg 신생아였습니다.

엎드려 있는 다정이를 가만히 내려다봤습니다. 수술실에서 나와 신생아 중환자실로 옮기는 아주 짧은 순간 인큐베이터 안에 있는 아이를 확인하긴 했지만, 직접 보는 것은 처음이었습니다. 잘할 수 있다고, 이겨낼 수 있다고. 마음으로 힘을 보탰습니다.

30초가량 다정이 모습을 촬영했습니다. 예쁜 귓볼이 눈에 들어왔습니다. 머리카락은 곱슬머리처럼 엉켜있었고, 등에 솜털이 가득했고, 손가락은 길쭉했습니다. 고개를 옆으로 돌린 채, 숨 쉬기에 도움을 주는 장비를 입에 물고 엎드려 있었습니다. 첫 손녀를 이렇게 만났습니다.

아이를 만난 어른 넷이 산모가 있는 병실로 돌아왔습니다. 며느리가 많이 불편해 보였습니다. 아들이 갑자기 "그만 가세요."라고 하자, 아내가 "저녁에 다징이 폐동맥 시술한다고 해서, 결과를 보고 가고 싶은데……."라고 했습니다. 아들이 짜증을 내며 산모가 아직 첫 소변을 보지 못해 불편하니 가는 게 좋겠다고 했습니다.

안사돈과 산모가 놀라 어쩔 줄 몰라 했습니다. 아내도 순간 당황했습니다. 병원 밖으로 나와 식당으로 갔습니다. 아내의 표정이 무거워 보였습니다. 점심 먹고 싶은 생각도 안 들었지만 된장찌개와 낙지볶음, 청국장을 시켰습니다. 아내의 눈에 눈물이 맺혔습니다.

"왜, 아들이 자리를 비켜달라고 해서 서운해?"

"아니야, 아들 마음이 얼마나 힘들겠어! 다정이가 태어나자마자 시술하고, 또 수술까지 해야 한다니 안타깝고 걱정이 돼서."

집으로 돌아오는 길, 아내의 표정이 여전히 무거웠습니다. 눈을 감고 자는지 아내가 아무 말 없습니다. 차 안에 정적이 감돌았습니다. 목요일 새벽, 독도에 가야 합니다. 그전에 다정이를 한두 번 더 보려고 했는데 생각을 바꿨습니다. 각오야 했겠지만, 아이가 태어나자마자 시술을 받고 병원에서 치료를 받아야 하는 상황이 초보 아빠에게 얼마나 무겁고 힘들까 싶었습니다.

부모와 자식 사이에 손녀가 태어나니 지금까지와 다른 소통 방법이 필요함을 느꼈습니다. 과도한 관심은 자제하고 그러려니 하며 지켜보고, 도와달라고 할 때 도와주는 게 좋겠다고 생각했습니다.

자정 넘은 시간 연구실을 나와 남부터미널 4-2번 출구에 도착했습니다. 어둠이 짙어지고 있었습니다. 주위를 한 바퀴 돌았습니다. 편의점 몇 곳은 열려 있었지만 쉴만한 곳이 눈에 띄지 않았습니다. 24시간 영업을 하고 있는 롯데리아로 들어갔습니다.

약속 시각 새벽 2시 반까지 1시간 반 정도 더 남았습니다. 남부터미널에 갈 때마다 가쁜 숨 몰아쉬며 지팡이 짚고 아들을 기다리던 아버지 모습이 떠오릅니다. 아버지는 우리 집에 계시다가 누나 집으로 가셨는데, 홀로 남부터미널에서 버스 타고 둘째 형한테 가시더니 도착 후 30분 만에 눈을 감으셨습니다.

일행을 태운 버스가 어둠을 뚫고 강릉으로 향했습니다. 비교적 좌석 간 자리가 넓은 맨 뒷좌석에 앉아 잠을 청했습니다. 횡성 휴게소에 정차할 때까지 눈을 붙이기는 했지만 잠자리가 불편해 비몽사몽이었습니다. 새벽 6시 무렵 강릉에 도착했습니다. 안목 식당에서 황태해장국으로 아침을 먹으니 일행과 인사를 나누었습니다.

아침 6시 50분, 강릉항에서 배를 탔습니다. 꾸벅꾸벅 졸다가 울릉도에 곧 도착한다는 안내 방송을 듣고 창밖을 보니 저동항이 보였습니다. 3시간 걸린 뱃길, 옛날에는 목선으로 사흘 길이었고 바람을 잘 못 타면 한 달 걸리는 길이었습니다. 울릉도 첫 방문지는 봉래 폭포였습니다. 그리 큰 폭포는 아니지만 첫 장소라 그런지 눈에 확 들어왔습니다.

"오전 면회를 했습니다. 진통제, 수면제, 근육 이완제를 쓰고 있었는데 오늘 근육 이완제 뺀다고 합니다. 내일부터 장기가 적응하는지 지켜볼 예정이라고 합니다. 어제는 체중이 3.3kg이었는데, 오늘 3.18kg입니다. 붓기가 잘 빠지고 있습니다. 입에 물린 호스 방향이 바뀌어서 아기 자세가 바뀌었습니다."

다정이 면회를 한 아들 부부가 소식을 전했습니다. 여행하면서도 아기가 궁금했는데, 수술 후 잘 회복되고 있다니 고마웠습니다.

봉래 폭포 뒤 내수전 일출 전망대에 올라 울릉항 주변을 조망했습니다. 죽도가 눈에 들어왔습니다. 수평선이 아득하게 감싸고 있고, 해안가를 따라 가옥들이 얼기설기 펼쳐져 있었습니다. 하산 후 따개비 칼국수로 허기진 배를 채웠습니다. 제주도의 보말국과 비슷합니다. 국물이 걸쭉해서 속이 든든했습니다.

오후에는 거북 바위, 일면 암, 이면 암, 삼면 암을 둘러보고, 모노레일을 타고 주위를 돌아보았습니다. 울릉도의 유일한 평지인 나리분지 방문 후 저녁 식사 장소로 이동하는데 해가 동해로 떨어지고 있었습니다. 뜨는 해는 아니지만, 해를 건지고 싶은 마음에 카메라 셔터를 눌렀습니다. 바다에 빠지기 직전 붉은 해의 절반을 담았습니다. 그대로 목걸이를 만들어 손녀 다정이에게 걸어주고 싶었습니다.

저녁 식사 후 대아리조트에 투숙했습니다. 달빛이 고왔습니다. 아들이 어렸을 때 충주 가는 차 안에서, "아빠, 달님이 나를 따라와요."라고 했던 말이 생각났습니다. 다정이가 얼른 나아서 해, 달, 별은 물론이고 세상의 온갖 경이로움을 만끽하면 좋겠습니다.

저녁에 다정이를 면회한 아들 부부가 "다정이는 근육 이완제를 아침에 끊었는데, 아주 잘 이겨내고 있습니다. 반사적이지만 눈도 떴어요. 내일도 화이팅!"이라며, 소식을 전했습니다. 아기 이름에 쓴 '해 뜰 정'을 생각하며 새벽에 일어나 일출을 촬영하기로 했습니다.

"다정아. 할아버지는 새벽에 독도에 솟구치는 붉은 해를 건질 거다. 다정이에게 '해 뜰 정' 기운을 전해주려고 한다. 이번 고비를 넘겼으니 앞으로 어떤 일도 이겨낼 거다. 다정이 해 뜨러 간다!"

인연

새해 첫 달의 열흘째 날입니다. 눈 몇 번 껌벅이면 봄이고 가을이고 겨울입니다. "가는 세월 그 누가 잡을 수 있나?"라는 노랫말이 있습니다. 세월의 흐름만큼 숱한 인연이 스쳐 지나갑니다. 만날 사람은 만난다고 합니다. 중국 고사에 부부로 맺어질 사람의 발목에 붉은 실을 매어주는 월하노인 이야기가 있습니다. 월하노인이 붉은 실을 매어 놓으면 아무리 원수지간이라도 부부가 된다고 합니다.

친구, 연인과 부부, 스승과 제자, 상사와 부하 등 세상에는 숱한 인연이 얽히고설켜 있습니다. 무심하게 스쳐 지나가는 인연도 있고, 소중한 인연으로 자리매김하는 인연도 있습니다. 선의로 인연이 맺어졌지만, 악연이 되어 인연의 실타래를 끊기도 합니다.

인(因)은 마치 씨앗처럼 내발적인 힘입니다. 연(緣)은 씨앗이 발아되어 꽃 피우고 열매를 맺도록 하는 물, 햇빛과 같은 외부의 힘입니다. 이렇게 맺어진 게 인연입니다.

어제 오래된 지인을 만났습니다. 도화엔지니어링 김윤곤 부사장입니다. 가는 해에 만나지 못했으니 연초에 식사라도 하자고 해서 만났습니다. 김 부사장은 우직한 선비 그 자체입니다. 알고 지낸 지 어느새 이십 년의 세월이 흘렀지만 처음 봤을 때나 지금이나 한결같습니다.

삼성역 대명중학교 근처 남도 음식점 보리수에서 낙지와 육회, 아기 호박 찌개, 벌교 꼬막을 먹으며 지난날의 인연에 관해 이야기 나누었습니다. 김 부사장은 청춘을 바쳤던 기업이 파산하면서 부하 직원들과 뿔뿔이 흩어져 홀로 다른 회사에서 근무하고 있음을 아쉬워했습니다.

제자 한교남 박사도 달려왔습니다. 맥줏집으로 자리를 옮겨 이야기보따리를 풀었습니다. 지난 학기 수업의 결과물로 학생들이 만든 책의 원고와 수업 영상을 보여주었습니다. 학생들의 성과가 놀랍다며 한 박사가 정식으로 출판되도록 후

원하겠다고 했습니다.

언젠가 한 박사가 "교수님께서 사주신 밥이 아마 1천 끼는 되는 것 같습니다."라고 했습니다. 학부, 석박사를 마치는 동안 숱한 프로젝트를 같이 했고, 국내외 출장 겸 여행도 같이 많이 다녔습니다. 사회에서 역량을 인정받는 제자 모습에 마음이 흐뭇합니다.

현대산업개발에 있는 제자 도기탁 상무도 달려왔습니다. 도 상무는 회사에서 인정받는 훌륭한 인재입니다. 얼굴에 '나 착해요.'라고 쓰여 있을 정도로 인품이 훌륭합니다. 딸 둘, 아들 둘이 있는 행복한 가장입니다. 대학원에서 맺은 사제 간의 인연을 후하게 여겨주니 그 또한 고마운 일입니다.

거의 분기에 한 번 마실까 말까 하는 술인데, 뜻하지 않게 연초부터 연이어 마시고 있습니다. 못하는 술이지만, 소맥 몇 잔과 맥주를 마시고 밤바람을 맞으며 집으로 돌아가는 길이 참으로 행복합니다.

시공 소멸

오랜만에 예술의 전당 콘서트홀을 찾았습니다. 유리 트카첸코 지휘로, 블라디미르 옵치니코프가 차이콥스키 피아노 협주곡 1번 Bb 작품번호 23번을 연주하고, 미로슬라브 꿀띠쉐프가 피아노 협주곡 2번 G Major, 작품번호 44번을 연주했습니다.

음악 애호가들은 호른 소리와 함께 시작하는 차이콥스키 피아노 협주곡 1번 Bb 작품번호 23번을 좋아합니다. 이에 비해 피아노 협주곡 2번과 3번은 덜 알려져 있습니다. 미로슬라브 꿀띠쉐프가 연주하는 피아노 협주곡 2번을 들으면서, 1번이 백미라고 생각했던 고정관념이 바뀌었습니다.

전에 미로슬라브 꿀띠쉐프 내한 공연을 관람한 적이 있어 그의 연주가 친숙합니다. 방아깨비처럼 꾸부정하게 몸을 구부리고서 바쁘게 움직이는 그의 연주에 매혹되었습니다.

연주하는 그의 모습은 흑백 그림자가 유령처럼 움직이는 듯했습니다. 영화 '인터스텔라'의 마지막 장면, 책장 사이로 과거를 보는 것처럼 시공이 모두 엉켜있었습니다. 미로슬라브 꿀띠쉐프만 존재했습니다. 쉴 틈 없이 바쁘게 움직이는 그의 손만 보였습니다. 그의 그림자가 음표를 마구 쏟아냈습니다. 관중은 모두 흐릿한 영상으로 아웃포커싱 되었고, 천장에 매달린 20개의 마이크가 소리를 하염없이 빨아들였습니다.

집으로 돌아온 뒤에도 여운이 가시지 않았습니다. 자정을 훌쩍 넘긴 시간, 함께 공연을 본 제자들이 SNS에 후기를 올렸습니다.

최종현 군이 페이스북에 올린 글입니다.

"선배 피아니스트는 연륜을 뽐내듯 여유 있어 보였습니다. 그는 지휘자와 눈을 맞추고, 오케스트라를 바라보며 미소 지었습니다. 25년 후배 피아니스트는 피아노를 집어삼킬 듯 엄청난 집중력으로 섬세하게 연주했습니다. 두 연주자의 스타일은 달랐지만 누르는 건반 하나하나에 자신의 혼과 차이콥스키의 혼이 담겨 있는 듯했습니다. 피아노 선율을 발판 삼아 오케스트라 연주가 그 위에서 노닐고, 또 오케스트라의 연주 위에서 피아노가 놀았습니다. 두 사람의 연주는 대립하는 듯하다가 어우러졌습니다. 저는 차이콥스키 피아노 협주곡 2번 2악장을 감명 깊게 들었습니다. '뜻밖의 보물을 발견하는 느낌'이라는 프로그램 팸플릿의 소개에 깊이 공감했습니다. 클래식곡에 우리가 사는 세상이 담긴 듯했습니다. 정말 좋은 공연을 볼 수 있도록 기회를 주신 교수님! 감사합니다. 길러 주신 문화 자산 잘 간직하고 발전시켜 나가겠습니다."

몽골 초원에서 1년간 사막화 방지를 위한 자원 봉사를 한 뒤 복학한 김명원 군도 글을 보내왔습니다.

"교수님 늦은 시간이지만 아직 주무시지 않는 것 같아서 카톡 드립니다(주무신다면 너무 죄송합니다). 오늘 정말 고맙습니다. 교수님 덕에 남양주 촌놈, 처음으로 예술의 전당을 방문했습니다. 늘 패스트푸드 같은 노래만 듣다가 귀 호강했습니다. 클래식 음악이 처음이라 낯설었지만, 그래도 무언가 마음속에 '쿵~'하는 게 감동이 컸습니다. 공연 후 후배들과 막걸리 한잔하며 이런저런 얘기를 나누었습니다. 다음에 '전생에 밀가루'에서 교수님과 함께 막걸리 한잔했으면 합니다. 오늘은 스승의 날입니다. 월요일에는 수원 캠퍼스에서 수업이 있어서 찾아뵙지 못했습니다. 교수님, 항상 감사드립니다. 지난 주에 하동 팸 투어를 하면서 녹차 밭을 둘러보고 찻잎을 수확 했습니다. 교수님께서 시간을 내주시면 하동 차 한 잔 모시고 싶습니다. 오늘 정말 감사했습니다. 교수님!"

어머니와 함께 공연을 본 이민주 양도 카톡으로 공연 후기 를 보내왔습니다.

"교수님! 어제 교수님 덕에 어머니와 같이 예술의 전당에 서 너무 좋은 시간을 보냈습니다. 어머니는 예술의 전당을 처 음 방문하셨습니다. 오케스트라 연주를 관람하면서 스트레스 가 확 날아가는 것 같았다고 말씀하셨습니다. 어머니와 이런 공연을 많이 볼 걸 그랬다는 생각이 후회처럼 밀려왔습니다. 어머니와 더 많은 문화생활을 해야겠습니다. 어제는 정말 뜻 깊은 시간이었습니다. 항상 저를 일깨워 주시고 생활의 폭과 사고의 폭을 넓혀주셔서 정말 고맙습니다. 앞으로 열심히 해 서 교수님의 애제자가 되겠습니다."

예술의전당에서 상기된 표정으로 반갑게 인사하던 제자들 의 얼굴이 생각납니다. 클래식 공연을 어떻게 감상할지 궁금 했는데, 기대 이상으로 많은 감동을 받았다고 하니 괜스레 어 깨가 으쓱했습니다. 제자들이 보낸 글을 읽는 재미가 쏠쏠한 밤이었습니다.

젊은 베르테르의 슬픔

왠지 12월은 눈보라 가득한 회색빛 숲길을 홀로 걸어가는 느낌입니다. 어디선가 모락모락 연기라도 피어나면 좋겠습니다. 눈 덮인 숲속으로 하염없이 발걸음을 옮깁니다. 외로운 나그네의 발자국이 점점 희미해집니다. 12월입니다.

슈베르트의 겨울 나그네 선율이 귀에 생생합니다. 사랑하는 그녀를 떠올리며 숨을 거두는 악사의 모습이 눈에 선합니다. 하루 이틀 그렇게 가더니 어느새 오늘은 크리스마스이브입니다. 코로나 바이러스가 세상을 모두 멈춰 세웠습니다. 한자리에 다섯 명 이상 모이지 말라고 합니다. 이런 권유와 관계없이 12월 내내 '집콕' 하고 있습니다. 음악과 책이 유일한 위안입니다.

《질병이 바꾼 세계의 역사》, 《유럽사》, 박완서 선생의 《그 산이 정말 거기 있었을까》, 괴테의 《젊은 베르테르의 슬픔》을 읽었습니다. 《젊은 베르테르의 슬픔》은 스물한 살 무렵 뒷주머니에 문고판 책을 끼고 다니면서 읽었던 책입니다. 세월이 흐르면서 책을 읽었다는 기억만 남았습니다. 세세한 내용은 기억에서 사라졌습니다.

40여 년 만에 《젊은 베르테르의 슬픔》을 다시 읽으면서 문장 하나하나에 푹 빠졌습니다. 책을 읽은 지 며칠이 지났지만 여운이 가득합니다. '어떻게 이런 표현을 할 수 있을까?' 괴테가 경험하지 않고는 쓸 수 없는 글이라고 생각했습니다. 맞습니다. 젊은 베르테르의 슬픔은 괴테가 직접 겪은 사건을 바탕으로 쓴 글입니다.

괴테는 베츨라어에서 법관 시보로 근무할 무렵 친구인 케스트너의 약혼녀 샤를로테 부프를 사랑합니다. 이룰 수 없는 사랑에 깊은 슬픔에 빠진 괴테는 프랑크푸르트로 돌아갑니다. 그 무렵, 상관의 부인을 연모하던 친구 예루잘렘이 권총으로 목숨을 끊었다는 소식을 케스트너한테서 듣습니다. 예루잘렘이 자살에 사용한 권총을 빌려준 이가 케스트너였습니다. 케스트너는 괴테가 사랑했던 샤를로테의 약혼자입니다.

《젊은 베르테르의 슬픔》은 괴테가 7주 만에 쓴 서간체 소설입니다. 총 82편의 편지 속에 로테에게 빠져드는 베르테르, 하루가 다르게 복잡 미묘하게 변하는 베르테르의 심리, 알베르토에게 빌린 총으로 자살하는 베르테르가 그려집니다. 이 모든 것이 실제 괴테를 둘러싸고 있던 실화를 바탕으로 이루어졌습니다.

사랑하지만 더 사랑할 수 없는 여인, 그 여인을 사랑하는 젊은 베르테르, 그가 괴테였습니다. 젊은 베르테르의 글을 읽다 보면, 날짜가 흐를수록 감정의 격랑에 휩싸이는 베르테르의 심리가 절절하게 드러납니다. 베르테르가 권총으로 세상을 마감한 후 베르테르가 입었던 노란색 조끼와 푸른색 연미복은 당시 젊은이들의 패션 아이콘이 되었습니다. 또한 '베르테르 효과'라는 모빙 자실 신드롬이 생겼습니다.

누군가를 사랑하기에, 그 사랑을 이룰 수 없어서 목숨을 버리는 것은 안타까운 일입니다. 세상을 줄로 그으면 한쪽은 반듯한 도덕 이성의 세계이고, 또 다른 한쪽은 비도덕 감성의 세계로 나눌 수 있습니다.

우리는 어떤 세상에 살고 있는지? 이성의 세계, 도덕의 세계라는 세상의 규범을 벗어나면 안 되는 것인지?

사랑할 수 없는 사랑을 해서는 안 된다는 건 이성의 울림입니다. 우리는 때로 비도덕과 감성의 세계를 넘나듭니다. 줄로 그은 이쪽과 저쪽을 넘나듭니다.

사랑은 맞고 틀리고의 문제가 아닙니다. 사랑에 정답은 없습니다. 사랑은 수수께끼입니다. 세상이 정한 도덕과 비도덕의 경계인으로 살다간 베르테르, 그의 죽음을 기록한《젊은 베르테르의 슬픔》이 세상을 달구었습니다. 스물한 살 청년 시절 읽었던《젊은 베르테르의 슬픔(독일 발음은 '베르터'라고 합니다)》을 예순이 훌쩍 넘은 나이에 다시 읽으며, 이런저런 생각에 빠졌습니다.

코로나19 시대, 대학에 입학한 신입생 일곱 명과 함께 줌(ZOOM)으로 독서 모임을 합니다. 첫 책은《젊은 베르테르의 슬픔》입니다. 이성 못지않게 사랑하는 마음이 우리 가슴을 뜨겁게 울리고, 혈관 속에서 역동 치기를 바라는 마음으로 이 책을 골랐습니다.

상상하는 것은 날개가 없다

'상상하는 것은 날개가 없다!'

학생들에게 상상력의 중요성을 일깨울 때 해주는 말입니다. 우리는 있은 자리에서 세상 어디든 여행할 수 있습니다. 은하계 너머 이름 모를 별은 물론이고, 까마득한 과거와 오지 않은 미래에도 갈 수 있습니다. 상상력만 있다면, 모든 일이 가능합니다.

연목구어(緣木求魚). 나무에 올라 물고기를 구한다는 뜻입니다. 나무에서 물고기를 구할 수 없으니 불가능하다고, 그러니 하지 말라고 할 때 빗대어 표현합니다. 상상력이 없으면 불가능하다며 포기할 수밖에 없습니다.

자, 이제 상상의 나래를 펴봅시다. 겨드랑이에서 날개가 움트는 것을 느껴봅시다. 날개가 점점 커집니다. 이제 날개를 활짝 펴고 날아봅시다. 훨훨 날아봅시다. 숲이 보입니다. 숲에 사찰이 보입니다. 저녁 예불하는 스님이 보입니다. 누각에 걸려 있는 범종 소리가 울려 퍼지고 목어가 웁니다. 상상력이 목어를 나무로 만들어 누각에 올려놓았습니다. 나무에 올라 물고기를 구했습니다. 깊은 물속에 사는 모든 중생까지 구했습니다. 세상을 바꾼 이들은 남들이 불가능하다고 한 일을 가능하게 만듭니다. 상상력의 힘입니다.

한국콘텐츠진흥원 주관으로 제주도에서 '대한민국 상상 캠프'가 열렸습니다. 남이섬 강우현 대표로부터 강연 의뢰를 받았습니다. '상상 캠프'니까 현장에서 느낌대로 강의하겠다고 했습니다. 강연을 시작하자마자 청중에게 일어서라고 했습니다. 그리고 모든 소지품을 챙겨서 밖으로 나가라고 했습니다. "어, 왜 그러지?" 사람들이 웅성댑니다. 하나둘 바깥으로 나가더니 금세 강연장이 텅 비었습니다. 지켜보는 이들의 눈이 커집니다.

궁금증은 상상력의 씨앗입니다. 호기심이 없으면 아무것도 할 수 없습니다. 앉아 있던 자리에서 밖으로 나가도록 하는 단순한 지시만으로, 캠프에 참가한 이들의 겨드랑이에서 상상의 날개가 돋기 시작했습니다.

이제 앉고 싶은 자리에 앉으라고 했습니다. 그리고 물었습니다. "처음 앞자리에 앉았는데 이번에도 앞자리에 앉은 사람은? 처음 중간이나 뒷자리에 앉았는데 이번에 앞자리에 앉은 사람은? 처음이나 지금이나 모두 뒷자리에 앉은 사람은?" 사람들은 다시 상상의 나래를 폅니다. '좌석으로 무슨 이야기를 하려고 하나 보다.' 하고 짐작합니다.

별것 아닌 것 같지만 자리가 사람을 변화시킵니다. 늘 뒤만 따르는 사람은 수동적인 사람이 됩니다. 적극적으로 사고하고 적극적으로 행동하는 사람이 세상을 바꿉니다. 고정관념에 사로잡히지 않은 사람이 세상을 품고 사람을 품을 수 있습니다. 줄곧 뒷좌석을 고수했어도 이유가 그럴듯하면 괜찮습니다.

모두 자리에 앉은 후 화이드보드에 '황( )무( )'라고 썼습니다. 빈자리를 채워보라고 했습니다. 다양한 답이 나왔지만, 원하는 답은 나오지 않았습니다. 화이트보드에 '황당무계'라고 썼습니다. "혹시, '황당무계'라는 말의 유래를 알면 말해주세요."라고 했습니다. 이번에는 또 무슨 요사스러운 말을 하려고 하나, 하는 표정들입니다. 몇몇 사람이 빈자리에 들어갈 말을 제시했습니다. "'황당무계'는 황나라 때 당건족이 무조건 계를 조직했다는 고사에서 유래되었다."라고 설명했습니다. 모두 고개를 끄떡였습니다. 혹시, 여러분도 고개를 끄떡였나요? 당나라는 있어도 황나라는 없습니다. 황건적은 있어도 당건족은 없습니다. 물론, 당나라 때 황건적이 무조건 계를 조직했다는 사실도 없습니다.

황당무계한 상상력, 누구도 시비 걸지 않습니다. 자유로운 상상을 하지 못하게 하는 최대의 적은 우리 자신입니다. 고정관념에 사로잡혀 늘 돌던 자리만 맴돕니다. 뻔한 생각은 누구나 할 수 있습니다. 낭중지추, 뾰족한 것은 주머니 속에 들어있어도 삐져나온다는 말입니다. 고정관념을 뚫고 나올 뾰족한 무언가를 찾을 수 있도록 상상력을 발휘해야 합니다.

화이트보드에 머리 없이 누워있는 사람의 모습을 그렸습니다. 머리 모양을 어떻게 그리는 게 좋을지 물었습니다. 머리를 위로 쳐들게, 갸우뚱하게 등 다양한 응답이 나왔습니다. 의도한 답은 목을 떨군 모습이었습니다. 한 장의 누드 사진을 보여주었습니다. 사진 제목을 뭐라고 붙이면 좋을지 물었습니다.

사진 제목에 '절망과 나락'이라 이름 붙이고, 시를 쓰고 곡을 쓴 적이 있습니다. 아래로 떨어져서 더 떨어질 곳이 없으면 그건 절망이고 나락입니다. 남은 것은 날아오를 것밖에 없습니다. 꼬리에 꼬리를 무는 상상력은 절망과 나락에서 떨어지더라도 우리가 원하는 세상으로 날아오르게 할 수 있습니다. 길이 없으면 길을 만들고 희망을 물어다 주는 게 상상입니다.

강연은 이렇게 꼬리에 꼬리를 물며 이어졌습니다. 강연을 마치면서 '황당무계' 총알 네 방을 사람들을 향해 쐈습니다. 한 방씩 맞을 때마다 리액션이 이어졌고, 마지막 한 방을 맞은 사람이 바닥으로 데굴데굴 굴렀습니다. 강의가 마무리되었습니다.

'생자필멸(生者必滅)'입니다. 우리는 언젠가 죽음을 맞이합니다. 삶의 궤적은 저마다 조금씩 다르지만, 때가 되면 모두 죽습니다. '왜 사는가?' 수많은 철학자가 삶의 문제를 풀고자 했지만 여전히 수수께끼입니다. 어떻게 상상하며 살 것인지? 날개가 없어도 상상할 수 있습니다. 우리 마음속 상상의 날개가 꺾이고 힘을 잃으면 우리는 절망과 나락으로 빠집니다. 비와 안개로 가득한 제주를 떠나는 비행기에서 본 하늘은 구름밭이었습니다. 구름 사이로 햇살이 빛나고 있었습니다.

언제 적 일이 가장 기억에 남느냐고 묻는다면, 서슴없이 서른여덟 살 때라고 얘기합니다. 돌아보면 가장 뜨거웠던 시절입니다. 정부 부처 개편으로 교통부와 건설부가 건설교통부로 통합되면서, 교통부에 속해 있던 관광국이 문화체육부로 이관

되었습니다. 교통부 산하 교통개발연구원의 관광연구실 책임연구원으로 재직하던 중, 문화체육부 산하 관광연구원을 만드는 실무책임자로 파견을 가게 되었습니다.

강남에 있던 한국관광공사 교육원에서 교환 전화기 한 대로 일을 시작했습니다. 프로젝트 업무추진비로 일반 전화기, 팩스, 복사기를 추가로 설치하고, 1996년 4월 3일 지금의 '한국문화관광연구원'의 전신인 '한국관광연구원'을 설립하였습니다.

새로 몸담을 연구원을 만들고, 박사 학위 논문을 쓰고, 설악산 관광특구 종합발전계획 보고서, 카지노 정책보고서를 썼습니다. 제주도 컨벤션센터 건립 타당성 보고서 연구책임자로 제주도와 인연을 맺었습니다. 이후 세계 유네스코 자연유산 등재 보고서, 선사시대 발자국 화석지 보고서, 제주도 시내 면세점 계획 보고서 연구 책임 등 많은 일을 수행했습니다. 제주도 명예 도민 200호입니다.

지금은 부산에서 수원으로 가는 기차 안입니다. 레일 위를 달리고 있습니다. 인생이라는 정해진 삶, 레일 위의 삶입니다. 차창 밖으로 스치는 풍경이 레일 따라 움직입니다. 레일을 벗어나 상상 속으로 들어갑니다.

시

　'시는? 시란? 시는 무엇인가?' 물음을 던집니다. 밑 빠진 두
레박에서 허탈한 물줄기가 떨어집니다. 하회탈의 미소가 스칩
니다. 시? 누가 일리오. 시가 무엇인지 화두를 깨지려고 연일
시와 씨름 중인 친구 조희문 교수의 글을 보며, 시가 무엇인지
물음을 던집니다.

　친구는 동년배이고 법학자입니다. 자작시를 간간이 보내
주었습니다. 보내준 시를 읽고 시를 쓰고 싶은 열정이 솟구쳤
는지, 시를 쓰고 싶다며 도와달라고 했습니다. 그날 이후 습작
시를 보내왔습니다. 그 열정이 대단해 순간순간 놀랍습니다.

조희문 교수와 카톡으로 나눈 대화입니다.

산고를 겪고 있지? 시 많이 읽었는지?

요즘 이런저런 일로 힘드네. 현대 시까지 쭉 훑고 있어.

시를 읽다 보면 이런 것도 시인가? 시가 뭐지? 오락가락, 갈팡질팡하는 어려움을 여러 번 겪을 거야.

틈틈이 현대 시까지 감상하면서 마음의 안정을 찾고 있어. 생각을 많이 해야 하는 시는 잠시 건너뛰고 있어. 머릿속에 떠오르는 글만 적어놓고 있어. 지금 보내는 시 읽고 어떤지 얘기해줘.

밤하늘의 달이야
두 손으로 가리고
그것도 모자르면
눈을 감으면 그만이지만

마음 속의 당신은

어떻게 가리나요

시 한 수 건지려고
요리조리 살피건만
잡아놓고 보면
쭉정이라
마음만 고달프니

마음 속의 당신
어찌해야 하나요

짧지만 정말 좋네. 좋아. 이런 느낌으로 건져 올리면 돼.

시를 읽다 보니 시인이 엄청나게 낳네. 난해한 시도 많고
시장성을 의식해 감각적으로 쓴 시도 많은 것 같아. 글은 읽는
사람 수준을 생각하면서 쓰는데 시는 그렇지 않은 것 같아. 그
래서 시 감상이 어려운 것 같아.

시는 시인의 손을 떠나는 순간 독자의 몫이야. 시인이 시를
쓴 이미지와 전혀 다르게 독자가 읽을 수도 있어. 그래서 시를

읽는 게 힘든 것 같아. 그게 시의 묘미이기도 하고. 위에 보낸 시, 좋아. 이전보다 정말 많이 좋아졌어. 한글 맞춤법 틀린 게 있어서 몇 자 수정해봤어.

"밤하늘의 달이야
두 손으로 가리고
그것도 모자라면
눈을 감으면 그만이지만……"

시를 쓰더라도 한글 맞춤법은 바르게 쓰는 게 좋아. '모자르면'은 '모자라면'으로, '마음 속'은 '마음속'이 옳은 표현이야.

그러네. 사실 읽은 시의 90% 이상에서 별 감흥을 받지 못했어. 시를 음미하는 사람의 수준이나 시를 읽는 상황에 따라 영향을 받을 수 있는 것 같아. 좋은 시는 생명력이 긴 것 같긴 해. 고마워.

시인도 시를 쓰면서 성장하는 것 같아. 나도 젊어서 시를 쓸 때, 내가 아는 많은 것을 과시하고 시에 많은 것을 담으려고 했어. 감상에 푹 빠져 균형감을 잃은 시를 쓰기도 했어. 난

해한 시는 시인 자신의 지적 유희를 충족할 수 있지만 읽는 사람은 이해하기 힘들어. 가벼운 시는 읽고 돌아서는 순간 기억에서 사라지고, 생각을 강요하는 시는 생명이 짧은 것 같아.

그래, 아직 나는 습작 단계라 시를 읽고 쓰는 게 쉽지 않아.

세월이 흘러도 공감할 수 있는 시, 오랜 사색과 체험이 바탕이 된 시가 좋은 시 같아. 마리아 릴케도 좋은 시를 쓰려면 경험을 많이 하는 게 좋다고 했어. 경험을 많이 하고 내면이 깊어져서 쓴 시가 더 좋다고 했어.

시인들이 좋아하는 대표적인 시인으로 서정주, 김수영 두 영 시인을 꼽는다는 글을 읽은 적이 있어. 서정주 시인은 일제 지하와 군사정권에 대한 찬양과 동소만 없었더라면 완성도 넌에서 가장 시다운 시를 썼고, 김수영 시인은 군사정권의 독재에 저항해서 시 정신이 올곧지만, 표현이 다소 거칠게 느껴질 수 있다는 평이있어. 사람마다 얼마든지 관점이 다를 수 있지.

고마워. 덕분에 시 감상 많이 하네. 도서관에 젊은 시인의 시가 없어 퇴근하는 길에 가끔 교보문고에 들러 보기도 해.

오늘 보낸 시, 느낌이 정말 좋아. 짧은 시도 좋지만, 기왕 시 습작을 하는 거니까 등단을 대비해서 길이가 긴 시도 써봐.

시를 쭉 읽어보니까 대략 시 쓰는 요령을 알 것도 같아.

시를 어떻게 쓰는 게 좋은지 터득했다니 진일보했어. 좋은 시는 '요령'도, '단어의 나열'도 아니라고 생각해. 마음속 시상을 담백하게 표현해봐. 물론 사람마다 느끼는 게 다르니까 참고만 해.

타고난 시인들이나 내면의 이미지를 마음껏 표현하지. 나는 아직 어휘 구사나 시 이미지를 끌고 가는 힘이 부족해. 많이 습작해보려고 해. 그러다 보면 늘겠지.

억지로 짜 맞추거나 멋있게 보이려고 하는 시는 치졸해. 마치 레고 블록처럼 그럴듯한 단어를 이리저리 꿰맞춘 시, 번드르르하게 포장한 시는 좋은 시가 될 수 없어. 시를 쓰거나 읽을 때, 느낌이 가슴에 확 저미는 시가 있어. 물 흐르듯 느낌이 흐르면 돼.

나무가 죽었다. 나무가 살았다

오늘은 곡우입니다. 곡우는 24절기 중 여섯 번째 절기입니다. "곡우가 되면 봄비가 내려 백곡이 윤택해지고, 곡우에 가물면 땅이 서 자가 마른다"라고 합니다. 다행히 비가 내립니다.

얼마 전 아파트 현관 앞에 흐드러지게 핀 벚꽃을 보면서 베란다 쪽 벚꽃은 아직 피지 않았다는 게 문득 생각났습니다. 소파에 앉아 있다가 벚나무를 확인하려고 베란다 쪽으로 나가려다 유리창에 부딪혀, '쾅' 하는 소리와 함께 뒤로 자빠졌습니다. 안경다리가 휘고, 왼쪽 눈 밑이 살짝 찢어졌습니다. 이마,

광대뼈가 욱신거리고 입술 안쪽이 터졌습니다.

베란다 블라인드를 내리면서 나무를 자세히 봤습니다. 나무가 죽었습니다. 거무죽죽한 나뭇가지를 타고 빗방울이 흘렀습니다. 가슴이 먹먹했습니다. 오래 함께할 거라 생각했는데, 다른 나무에 꽃이 피고 지도록 푸른 잎이 피어나지 않았습니다. 나무가 죽었음에도 그 누구도 슬퍼하지 않습니다. 꽃이 피면 피었다고 꽃구경만 했습니다. 죽은 것조차 몰랐습니다. 나무는 저 자리에서 죽은 그대로 묵묵히 세월을 맞이할지 모릅니다.

여러 날이 흘렀습니다. 죽은 줄 알았던 나무에서 푸른 잎 몇 개가 돋았습니다. 설마, 설마 하고 지켜봤습니다. 나무가 살아났습니다. 그렇게 수삼 일이 지났습니다. 제법 잎사귀가 커졌습니다. 확실히 살았습니다. 세상이 슬퍼서 잠시 머뭇거렸을 거라고 에둘러 짐작합니다.

"살아나서 고맙다고, 늦게 피면 어떠냐고, 살았으니 됐다."고 말을 걸었습니다. 나무가 말합니다. "죽었다고 죽은 게 아니라고. 희망을 놓으면 죽는 거라고. 꽃은 다음에 그다음에도 천천히 필 수 있다고."

홈 루덴스

매일 아침 음악을 듣습니다. 쇼팽의 녹턴을 습관처럼 틉니다. 피아노 선율이 마음을 위로합니다. 귀를 쫑긋 세우며 선율을 따라갑니다. 세상은 별일 없다고, 고운 느낌으로 아침을 맞이하면 된다고 속삭입니다. 그러나 정작 세상은 그러하지 못합니다. 뉴스 보는 것이 두렵습니다. 하루도 쉬지 않고 세상이 아픕니다. 서로 잘났다고 싸웁니다.

사람들의 일상 행태를 설명하는 '스테이케이션(staycation)'이라는 말이 등장했습니다. 최근 코로나 바이러스의 영향으로 재택근무, 비대면 수업이 많아지면서, '홈 루덴스(home ludens)'라는 말도 등장했습니다. 집과 놀이를 합해 만든 신조어로, 집에 머무는 사람을 뜻합니다. 네덜란드의 문화 인류학자 하위징하(호이징하, 하우징거로 발음하기도 합니다)의 저서, 《호모 루덴스-놀이하는 인간》에서 착안한 신조어입니다.

코로나 바이러스로 사회적 격리가 길어지면서 모든 강의가 원격 수업으로 전환되었습니다. 대면 수업은 한 번도 하지 못한 채, 2주 지나면 종강입니다.

캠퍼스는 학생으로 가득할 때 가장 아름답습니다. 학생이 사라진 캠퍼스는 허전함 그 자체입니다. 텅 빈 강의실, 텅 빈 복도, 허전함만 가득합니다. 집에서 비대면으로 수업을 하다 보니 연구실에 드문드문 갑니다. 제때 물을 주지 않는데도 난이 살아 있습니다. 다음에 올 때까지 잘 살아 있으라고 마음속으로 빕니다.

집에서 줌으로 실시간 화상 강의를 하면서 학교에 있던 기자재와 책을 집으로 많이 옮겼습니다. 연구실이 예전처럼 아늑하지 않습니다. 정적을 깨고 싶어 음악을 틀었습니다. 마이너 곡이 마음을 끌어당깁니다. 두 눈이 촉촉해집니다. 학교 근처 서대문역 주변에 확진자가 다녀갔다는 문자 메시지가 떴습니다.

석박사 논문심사를 마치고 집으로 돌아와, 늦은 시각 다시 줌으로 대학원 수업을 진행했습니다. 세상이 변했습니다. 집이 일터로 변했습니다. 온종일 집에 있으면 지루해질 줄 알았는데 어느새 '집돌이'가 되었습니다. 이른바 '홈 루덴스'라는 신조어에 딱 맞는 사람이 되었습니다.

평소보다 뉴스를 많이 봅니다. 매일 반복되는 뉴스, 그러나 조금씩 그 내용이 바뀝니다. 힘든 소식을 접하다 보면 '이게 뭐지?' 하는 외침이 저절로 튀어나옵니다. 전투력을 상실했는지, 이제 누군가와 부딪히고 다투는 게 싫습니다. 웬만하면 참습니다. 눈 한번 질끈 감고 '그래, 다 그런 거야, 지나고 나면 별거 아니야!'라고 외칩니다.

유엔은 65세까지를 '청년'이라고 합니다. '나이가 들수록 더 젊게 살아야지!'라며 마음을 다잡습니다. 좋은 생각 많이 하자고, 갈등은 최소화하자고, 소리 없이 내 할 바를 하자고. 나이 들수록 옷을 더 깔끔하게 세련되게 입자고.

글 쓰느라 잠시 잊었던 피아노 선율이 들립니다. 화단에 물 주는 모습이 떠오릅니다. 자전거 타고 어디론가 달리는 모습이 보입니다. 카메라 들고 길 떠나는 모습이 보입니다.

2020년 '오늘, 뭐하지'

창밖에 비가 내립니다. 기나긴 비, '장마'입니다. 추적거리며 내리는 장마, 누군가의 가슴에 슬픔을 더해줄 수 있지만, 또 누군가에겐 답답한 가슴을 식혀줄 수 있습니다. 세상사가 때로는 동전의 양면 같습니다. 이쪽 면이 있는가 하면 저쪽 면이 있습니다.

고대 그리스의 철학자 헤라클레이토스는 그의 단편 B52에서 "인생은 장기를 두는 아이, 왕국은 아이의 것이니"라고 했습니다. 훗날 여러 철학자가 이 단편의 의미를 해석하려고 애썼습니다. 니체는 그의 철학을 '놀이의 철학'이라고 부르며,

그에게 영감을 준 철학자로 헤라클레이토스를 꼽았습니다.

니체는 그가 살았던 세기를 '니힐리즘(허무주의)'의 시대로 보고 이를 극복하려면 '놀이'가 필요하다고 했습니다. 세상은 그 어느 때고 한가롭지 않았습니다. 늘 위기였고 힘들었습니다. 1, 2차 세계대전이 있던 시기. 전쟁이 끝나면 세상이 평화로워질 줄 알았지만 이후에도 세상은 끊임없이 전쟁, 테러, 질병 등을 겪고 있습니다.

세상을 반으로 나누면 한쪽은 '일'이고, 또 다른 한쪽은 '여가'입니다. 세상을 둘러싸고 있는 '일'과 '여가'가 우리네 삶을 둘러싸고 있습니다. 일하면서 번 임금으로 우리는 여가소비를 하며 삽니다. 일은 수단이고 행복은 이루고자 하는 목적입니다. 더 많은 여가소비를 위해 사람들은 일에 몰입합니다. 누구는 손쉽게 부를 축적하고, 누구는 일한 노력에 비해 부족한 임금을 빌기도 힙니다. 문화산업은 자본주의 발달과 더불어 문화 소비를 촉진해 왔지만, 부자와 빈자의 골은 세계 곳곳에서 다양한 모습으로 나타납니다. 공정한 세상을 꿈꾸지만, 세상은 늘 부조화입니다.

이런 세상에 엄청난 변화가 몰아쳤습니다. 영화 속에나 나올법한 바이러스가 등장했습니다. 코로나19가 4차 산업혁명 시대를 맞이하는 인류의 삶을 습격했습니다. 세상을 지배하던 각종 규칙이 일거에 깨지고 사람들은 혼란스러워합니다.

개인 간 이동은 억제되고 국가 간 이동은 거의 단절되었습니다. 학생들은 학교에 가지 못한 채 원격으로 수업하고 있습니다. 강의실에서 하는 수업이 늘 최상, 최선은 아니지만 강의실의 공기 속에 녹아 있는 선생과 제자의 대화가 그리워졌습니다.

차가운 모니터 너머로 보이는 선생과 제자, 어깨라도 한번 두드려주고 싶지만, 그러지 못합니다. 그저 이 어려운 시기가 지나면 차라도 한잔, 술이라도 한잔하며 그동안 못다 했던 이야기 나누자고 에둘러 이야기합니다. 평생 한 장뿐인 결혼식 사진 속 친척과 지인들 모두 마스크를 쓰고 있습니다. 누가 누구인지 알아볼 수 없습니다.

이런 이야기를 책으로 엮어보기로 했습니다. '우리가 보는 세상의 여가문화'는 어떠한지, 젊은 학생들의 시선으로 2020년의 이야기를 담아보자고 제안했습니다. 학생들이 책의 제목을 '오늘, 뭐하지'라고 붙였습니다.

책은 3부로 나뉩니다. 제1부 사회는 SNS, 가상의 공간(김미나), 여가문화의 간접 소비화(김범석), 무민 세대, 여가의 새로운 기준(두유경), 비대면 소통과 콘텐츠 기반의 문화(임서영)입니다. 제2부 산업은 무더운 여름, 사람 많은 곳 말고 호캉스 하러 가자(한재웅), 슬기로운 홈트 생활(표태욱), 우리가 프로야구에 열광하는 이유(송유림), 게임 산업과 진흥계획(배상준)입니다. 제3부 예술은 나를 위한 여가, 남을 위한 여가(강하영), 셀프 사진관(권나현), 레트로 문화(강석우), 내 삶의 원동력, 팬덤 활동을 하는 이유(손선영)입니다.

학생들의 생각을 따라가 보았습니다. '그렇구나, 그랬구나! 이것이 2020년을 살아가는 우리 학생들의 생각이었구나!'라며 속으로 읊조렸습니다.

말 그대로 조금 엉성하고 부족할 수 있지만 이런 과정을 통해 성장할 수 있습니다. 힘들어도 조금씩 앞을 향해 나가다 보면 생각의 크기가 더 단단해지고 더 멀리 더 높이 날 수 있습니다. 보이지 않는 약자를 배려하는 마음도 더 커질 거라 믿습니다. 훗날 지금의 세상을 바라보는 훌륭한 기록이 될 수 있습니다.

비 내리는 6월 마지막 날, 글 쓰는 동안 잠시 사라졌던 빗소리가 더 크게 들립니다. 세상을 바라보는 시선, 세상에서 들려오는 소리, 모두 실존입니다. 그 세상을 우리는 두 발로 걷고 있습니다.

언젠가는 코로나19도 기억 속의 이야기, 마치 전설 같은 이야기가 될 수 있습니다. 모든 기억이 희미해지더라도 2020

년을 떠올릴 때 우리 학생들의 소중한 이야기를 담은 이 한 권의 책,《우리가 보는 세상의 여가문화, 오늘 뭐 하지》가 가슴 따뜻한 기억으로 남으면 좋겠습니다.

"사랑한다. 애들아! 이 시대의 이야기를 너희들이 기록해 주어서 고맙다! 여러분과 함께한 이 기록은 내 가슴속에 잘 간직하마. 힘든 세상 잘 이겨내렴. 훗날 빛나는 눈빛 되어 만나자. 물론, 힘겨운 세상 속에 잠시 눈빛이 흐려져도 괜찮다. 그래도 만나자. 또 이겨내면 되니까!"

2020년 1학기 경기대학교 관광개발학과 여가사회문화론 문을 닫습니다. 더 큰 세상의 문을 엽니다.

자전거를 탑니다

　오래전부터 자전거를 타고 싶었지만 선뜻 자전거를 살 엄두를 내지 못했습니다. 회갑 선물로 뭐가 좋겠냐는 아들, 며느리, 딸의 물음에 자전거가 생각났습니다. 같은 학교 체대 학장이 김포에서 자전거 전문점을 하는 제자를 소개해주셨습니다. 자전거에 관해 아는 게 아무것도 없어서 권하는 대로 했습니다. MTB 자전거, 자전거 옷, 신발, 헬멧을 샀습니다. 어려서부터 짐 자전거를 능숙하게 탔던 터라 MTB에도 금방 적응할 것 같았습니다.

　딱 달라붙는 자전거 복장이 쑥스러워 첫날은 집 근처 자전거 도로를 가볍게 주행했습니다. 그동안 탔던 자전거는 신문을 구독하면 받을 수 있었던, 이른바 일이십만 원 대의 생활 자전거였습니다. 자전거를 타는데 큰돈을 들이는 친구들이 부러우면서도 군이 그래야 하나 싶었는데, 막상 MTB를 타 보니 생활 자전거와 차원이 달랐습니다.

두 번째 타던 날, 사고가 났습니다. 아파트 정문을 나설 때 장갑을 끼지 않았음을 알았습니다. 탄천을 따라 자전거 페달을 밟았습니다. 로드 자전거를 탄 사람들이 앞질러 갔습니다. 자전거 페달을 빠른 속도로 밟으며 그들을 쫓아갔습니다. 자전거가 기대 이상으로 잘 나갔습니다. '다들 이 정도 속도로 타는가 보다' 여기며, 페달을 계속 밟았습니다.

앞서가던 이들이 탄천을 가로지르는 다리로 빠르게 우회전했습니다. 그들을 따라 우회전하는 순간, 정면에서 자전거 두 대가 달려왔습니다. 다리에 난간이 없었습니다. 그대로 달리다가는 앞에 오는 자전거와 부딪쳐 탄천으로 곤두박질칠 것 같았습니다. 브레이크를 잡으면서 일부러 넘어졌습니다. 몸을 일으켜 세우며 심한 통증을 느꼈습니다. 자전거를 끌고 다리 건너 벤치에 앉았습니다.

왼손이 부어올랐습니다. 엉덩이 밑에 손을 넣고 꾹 누르며 통증이 가라앉기를 기다렸습니다. 시간이 흐를수록 통증이 더 심해졌습니다. 한 손으로 자전거 핸들을 잡고 페달을 밟으며 집으로 돌아왔습니다. 뼈에 금이 간 게 아닌가 싶어 병원에 갔습니다. X-Ray 검사 결과 왼손 검지 윗부분 뼈가 다섯 조각으로 부서졌습니다. 검사 당일 입원해서 다음 날 수술받았습니다.

마취할 때 기억이 지금도 생생합니다. 팔을 들으라고 해서 드는데 갑자기 번개가 치듯 강한 통증을 느꼈습니다. 팔이 축 늘어졌습니다. 팔을 움직여보려고 했지만, 아무 감각이 없었습니다.

수술 후 병실에 있을 때 썼던 글이 생각나 찾아봤습니다.

사노라면

새벽길을 나서는 이
그이의 삶은 어떠한가?
싱그러운 하루인가?
힘든 삶의 연속인가?

생성하고 소멸하는 별
우주의 시간

찰나같이 살다가는
인간의 시간

누구는 풀잎같이 스러지고
누구는 대쪽같이 쪼개지며
악, 소리 한번 제대로 내지 못하고
아등바등 쌈박질하다 가는 삶
그렇다고 내팽개칠 수 없는 삶

갈등의 실타래 휘어잡는
운명의 여신 모이라이 •
운명의 실을 잣는 클로토
운명의 실을 분배하는 라케시스
운명의 실을 끊는 아트로포스

꼭두각시처럼 실타래에 매달린 인간
아모르 파티를 노래하는 인간
누구는 허명을 남기고
누구는 흙바람에 스러지는
인간의 시간 인간의 운명

새벽은 어둠으로 차오르고

그 어둠을 뚫고 들려오는 세상사

쳇바퀴 같은 삶

들녘에 피어나는 꽃

돌 틈에 피어나는 풀

그렇게 세상은 흐른다

내가 있건

내가 없건.

수술 후 자전거를 타지 말라는 가족의 성화가 있었지만, 왼손의 깁스를 풀고 얼마 후부터 다시 자전거를 탔습니다. 자전거 전용도로에서만 타기, 다른 사람과 속도 경쟁 안 하기. 나름 자전거 타는 원칙을 정했습니다.

최근에는 고등학교 동창인 김철삼 박사와 함께 타는 날이 많습니다. 북한강 강가 벤치에 앉아서 흘러가는 물을 바라봅

• 모이라이: 운명을 관장하는 3명의 노파 여신을 총칭하는 말.

니다. 더벅머리 고등학생의 모습은 사라지고 흰 머리카락 가득한 모습이 되어 옛날을 회상합니다. 강물이 흐릅니다. 바람이 스쳐 지나갑니다. 세월이 지나는 소리가 들립니다. 김 박사와 커피를 마시며 이야기 나눕니다. "행복하다."라고. 김 박사와 동쪽으로 서쪽으로 또 남쪽으로 방향을 잡고 여기저기 달렸습니다.

춘천에서 시작해 백양리역을 지나 대성리역 방향으로 페달을 밟으며 자유를 만끽했던 날. 파란 하늘 사이로 흰 구름이 떠 있고, 바람에 갈대가 춤을 추고 있었습니다. 하늘 아래 아무도 없었다는 듯, 길에는 김 박사와 나 이외는 아무도 없었습니다. 바람이 볼을 스치며 품 안으로 달려들었습니다. 나도 모르게 소리쳤습니다.

"난, 자유인이다!"

그랬습니다. 자유로웠습니다. 이 세상, 그 어떤 것도 부럽지 않았습니다.

종종 자전거 고수인 고교 동창 조재익 장로와 셋이서도 탑니다. 친구의 지도를 받으며, 서해 갑문을 비롯해 이곳저곳을 다녔습니다. 조 장로는 "내가 그동안 골프를 비롯해 여러 운동을 많이 했지만, 가장 재미있는 운동은 자전거 타기야."라고 말합니다. 자전거 타면서 먹었던 김포 아울렛 3층 중식당의 배추탕면, 양평 면옥 냉면, 여주 천서리 막국수, 광나루 버터버거, 포천 국립 수목원 근처 식당의 장칼국수가 생각납니다.

계절이 여러 번 바뀌었습니다. 이른바 자전거 초보라는 뜻의 '자린이'에서 나름 중급자 수준이 되었습니다. 봄바람을 맞으며 타고, 여름비를 맞으며 타고, 가을 하늘을 만끽하며 타고, 또 겨울바람의 매서움에 어깨를 움츠리며 자전거를 탔습니다. 김철삼 박사, 조재익 장로와 함께하는 단톡방에 이런 글이 올라왔습니다.

"정서진에 와서 냉커피 마시는 중이야."

"근데 이번에도 소나무 밑에서 찍었네. 하하하"

"명당자리야."

"난, 아직도 지난번 갔던 영종도 자전거 길이 생각나."

오후 3시의 삶

인생 100세라고 합니다. 인생의 문, 언제 닫을지 아무도 모릅니다. 시간에 빗대어 지금의 나이를 대입해보니, 오후 3시경입니다. 아직 해가 하늘에 떠 있습니다. 무엇이든 할 수 있는 시각입니다. 해가 저무는 시간, 그때는 내면의 소리에 더 귀 기울여야겠습니다. 지혜의 창고를 매만지며, 손주를 보며, 미소 짓는 모습을 상상합니다.

신혼 초, 장인어른과 둘이서 충주에 있는 과수원에 간 적이 있습니다. 그때 장인어른께서, "나는 손주에게 기억에 남는 할아버지가 되고 싶다."라고 말씀하셨습니다. 그 말씀이 늘

귓가를 맴돕니다. 손주한테 기억에 남는 할아버지가 되고 싶습니다.

학생들과 결혼에 관한 이야기를 나누곤 합니다. 2000년대 초반만 해도 웬만하면 다들 결혼하겠다고 했는데, 요즘은 결혼하지 않겠다고 답하는 학생이 더 많습니다. 결혼하더라도 자녀는 두지 않고 애완동물을 키우며 살겠다고 합니다.

삼포세대라는 말이 생각납니다. 연애, 결혼, 출산 세 가지를 포기한 세대입니다. 오포 세대, 칠포 세대라는 말까지 등장했습니다. 오포 세대는 연애, 결혼, 출산, 집, 경력을 포기한 세대이고, 칠포 세대는 연애, 결혼, 출산, 집, 경력, 취미, 인간관계를 포기한 젊은 청년 세대를 일컫는 말입니다.

이렇게 어려운 시기에 아들, 딸을 결혼시키려니 걱정이 앞섰습니다. 속으로 '알아서 잘 살아가겠지……'라고 생각했지만, 결혼은 혼자 하는 게 아니고 상대가 있으니 신경을 써야 할 게 하나둘이 아니었습니다. 다행히 좋은 사돈을 만났습니다. 며느리도 물욕이 없었습니다.

상견례 자리에서, "혼수, 예단 없는 결혼식 어떠신가요?"라고 말했습니다. 사돈이 좋다고 화답했습니다. 아들, 며느리에게 어떤 결혼식을 하고 싶은지 얘기해달라고 했습니다. 혼수, 예단, '스드메' 없는 결혼식을 하겠다고 했습니다. 스드메가 뭐냐고 물었습니다. 결혼 전에 대체로 스튜디오 사진을 촬영하는 데 안 하겠다고 합니다. 스튜디오 사진 촬영을 안 하면 메이크업을 안 해도 되고, 드레스를 안 입어도 되니 경제적이라고 했습니다. 대신, 가족 여행 때 사진을 촬영해달라고 부탁했습니다. 아버지는 카메라 셔터를 누르고, 어머니와 여동생이 반사판을 들었습니다. 그렇게 아들의 결혼 전 사진을 촬영했습니다. 결혼식 예물은 각자 링 반지 하나씩 끼는 것으로 대신했습니다.

딸 차례가 됐습니다. 아들이 결혼할 때는 혼수와 예물 없는 결혼식을 하자고 사돈한테 먼저 제안했지만, 정작 딸이 결혼할 때는 이 말이 목구멍에서 맴돌 뿐 나오지 않았습니다. 딸이 결혼할 즈음 집값이 하루가 다르게 천정부지로 치솟고 있었습니다. 사위와 딸이 집을 사는 데 집중하고, 예물 없이 링 반지 하나씩 끼는 결혼식을 하겠다고 했습니다. 스스로 결혼을 준비하는 자식들이 대견했습니다.

아들, 딸을 다 결혼시키고 나니 큰 숙제를 한 것 같았습니다. 한 집에서 엎치락뒤치락하며 일상을 공유하지 못하는 게 아쉽지만, 때가 되어 각자 자신들의 삶을 일군다고 생각하니 고맙습니다.

나의 인생 시계는 오후 3시입니다. 아들, 딸 결혼하던 날 혼주 인사말로 전했던 글 일부를 옮깁니다.

상욱이, 정경이에게

아들아,
첫울음 터뜨리고
한쪽 눈만 뜬 채로
초록색 강보에 싸여
나를 바라보던 네 모습이 선하다

알래스카 설원을 보면서
그랜드 캐니언을 보면서
새 생명의 올곧은 삶을 기원했었다

갸우뚱거리다
처음 몸을 곧추세워 안던 날
검은 선글라스 끼고
장난감 야구방망이 들고
춤추던 네 모습이 어젯밤 꿈같다

하늘의 별이 흐르듯
수많은 나날이 그렇게 흘러
아기는 아이가 되고
아이는 소년이 되고
소년은 늠름한 청년이 되었다

아들아,
아들이라는 이름을
마음속으로 부를 때면
늘 사랑스럽고 따뜻했고 행복했다
그런 아들이 되어주어서 고맙다

남편이 되고
사위가 되고
아빠가 되어 세상을 살아가는
그 첫날이 되었구나
딸아,
곱게 키운 딸
눈에 넣어도 아프지 않은 딸
재롱 피우며 기쁨 주던 딸이

성년이 되어 일가를 이루겠다고
길 떠나는 오늘이다

이제 딸이라는 이름이
아내라는 이름으로
며느리라는 이름으로
새롭게 피어나는 날이다

2013년 10월 13일
아들이 귀대하면서
설레는 마음을 전했고

2013년 10월 23일
2년 진 이제
홍대에서 너를 처음 봤다
하얀 피부, 맑은 웃음
아무 말 하지 않고
그냥 지켜봤다

2014년 1월 9일

아들 병실을 지키겠다고
짐을 챙겨온 너를 기억하고 있다

정경아 고맙다
우리 아들의 배필이 돼 주어서 고맙고
우리 가족이 돼 주어서 고맙다

상욱아, 정경아

이 세상 살아가노라면
샛바람, 하늬바람, 마파람, 된바람은 물론이고
온갖 나날을 맞이할 거다

비가 오면 비가 와서 좋고
바람이 불면 바람이 불어서 좋고
눈이 오면 눈이 와서 좋고
힘이 들면 힘이 들어서 좋다고
환하게 웃으면 좋겠다

무슨 말이 더 필요하겠니?

사랑한다

상욱아, 정경아.

다영이 정식에게

"정오에 맞는 귀싸대기! 평생을 조정식의 펀펀 오늘과
함께!"

신랑 조정식과 신부 한다영의 결혼식 날입니다. 정식이
를 훌륭하게 키우신 두 분 사돈께 감사드립니다.

어느 결혼식장에서 신부 아버지가, "딸이 아빠와 평생
같이 살겠다고 하더니, 이렇게 빨리 시집갈 줄 몰랐다."
라고 했던 말이 생각납니다.

제 딸두 어렸을 때 '아빠와 결혼 하겠다, 아빠와 평생 같
이 살겠다'라고 했었습니다. 그러던 다영이가 정식이를
만나더니 확 변해버렸습니다. 아빠를 안고 입맞춤해주
더니 정식이를 만난 후, 아빠한테 한 약속을 새카맣게
잊어버렸습니다. "식디! 어떻게 책임질 거야? 이 허전한
마음을!"

'펜트하우스 시즌 2 제작발표회'를 봤습니다. 프로그램

하나를 만들기 위해 얼마나 많은 사람이 애쓰는지 알 수 있었습니다. 프로그램을 함께 진행했던 장도연 씨가 '평범함 속에서 오래 빛나는 사람이 되고 싶다.'라고 말한 적이 있습니다. 정식이와 다영이 두 사람도 '세상 사람과 어울리면서 사랑과 행복을 함께 나누는 부부'가 되었으면 합니다.

딸 아이가 대학교 1학년 때, 저한테 보낸 편지 일부를 짧게 소개할까 합니다.

"든든한, 한다영 아빠, 범수 씨 ♡ 아빠아~ ♥ 아빠~ 딸이야! 내가 아빠 나이 깊게 생각 못 하는 동안, 아빠 나이가 많이 들었구나! 우리 아빠. 아빠는 힘들 때 누구한테 기대면서 견뎌왔을까? 이제야 걱정이 돼요."

다영아! 이제 정식이가 너의 든든한 버팀목이고 인생 동반자란다!

이런 글도 있습니다.

"내가 처음 버는 돈으로 엄마랑 아빠 여행을 근사하게 보내줄 거야. 음~ 그리고 나는 근사한 정장 아빠 몸에 딱 맞게, 멋진 걸로 장만해줄 거야! 그리고 내가 또 해주고 싶은 건, 결혼하기 전에 엄마 아빠의 요리사가 되는 일이야!"

다영아! 엄마와 아빠는 네가 훌륭하게 성장해준 것만으로도 늘 기쁘고 행복했단다. 딸아, 잘 자라줘서 고맙다. 알콩달콩 예쁜 가정 일구고, 주변에 행복을 나누어 주는 어른이 될 거라 믿는다.

다영아, 정식아. 서로 많이 아끼고 사랑해주길 바란다. 오늘 결혼식의 증인이 되어주신 하객 여러분께서도 두 사람이 머나먼 인생길 잘 살아가도록 많은 격려 부탁드립니다. 고맙습니다.

얼리어답터

박사학위를 받은 제자 3명이 태블릿을 선물했습니다. 이동 중이라도 노트북이면 뭐든지 가능하니까 굳이 필요할까 싶었는데, 가벼운 작업은 화면이 넓은 태블릿으로 할 수 있어서 편했습니다.

통계프로그램을 배우던 1986년, 대형 컴퓨터에 연결된 단말기에 프로그램을 입력하던 기억이 납니다. 그해 중고 애플 PC를 구했습니다. 어떻게 켜는지 몰라 고심하다가 나중에야 시스템 디스켓이 필요하다는 것을 알았습니다. 지금 생각하면 호랑이 담배 피우던 시절 이야기입니다.

1987년 교통개발연구원에 입사 후 거금을 들여서 XT PC 를 샀습니다. 당시 대기업 대리의 급여가 40~45만 원, XT PC 의 가격은 120만 원이었습니다. 20메가 하드디스크를 40만 원에 별도로 샀습니다. 프린터 구입비 40만 원을 포함하면 총 200만 원을 투자한 셈입니다. 5개월 치 월급에 해당하는 거금 이었습니다. 학교에 부임하던 1998년 400여만 원을 들여 노 트북 등을 구입했습니다. 그렇게 이어진 컴퓨터 여행이 태블 릿에 이르렀습니다.

새로운 것, 신기한 것에 관심이 많습니다. 자타공인 얼리어 답터입니다. 남들보다 한 발짝 앞서서 생각하고 한 발짝 더 걸 어가는 것을 즐깁니다.

아내에게 때때로 구박을 받습니다. 쓸데없는 것 샀다고. 병 이라면 병입니다. 얼리어답터 병도 정년을 맞이하면 자연스레 치유될 것 같습니다. 나이가 들면 디지털과 멀어지고 아닐로 그 삶을 지향할지 모릅니다.

그래도 나이 들면서 조금씩 변화가 생겼습니다. 최근에는 거 의 신상품이지만 반품된 것을 파는 '리퍼블리시(republish)' 제품에 관심이 많습니다. 새로운 카메라가 나올 때마다 '쓰던 카메라가 멀쩡한데 또 사야 하나?' 하면서도 이른바 신상 카 메라에 눈길을 주곤 했습니다. 캐논 카메라 Mark II를 살 때 작고한 사진가 권영복 선생이 리퍼블리시를 권했습니다. 반품된 제품이지만 사용하는 데 전혀 문제가 없고, 저렴하게 살 수 있다고 했습니다. 긴가민가, 반신반의하며 샀습니다. 만족도 최고였습니다. 이후 컴퓨터 관련 장비를 살 때도 가능한 한 리퍼블리시를 선호합니다.

17인치 HP 노트북도 리퍼블리시 제품으로 샀습니다. 256MB SSD와 1TB 하드디스크를 장착했습니다. 동급 노트북보다 가성비도 좋고 기능도 좋았습니다. 학교 연구실에서 사용하는 PC도 리퍼블리시로 사고 RAM과 하드디스크를 업그레이드하고, 보조 저장 장치로 8TB 하드디스크, 4TB 하드디스크 여러 개를 사용합니다. 연구실에 쌓이는 자료가 많아져서 북스캐너도 장만했습니다.

이후 5년의 세월이 흘렀습니다. 코로나 시대가 열리고 집에서 비대면 수업을 하면서, 그동안 사용에 문제가 없던 노트북이 힘겨워하기 시작했습니다. 큰마음 먹고 11세대 CPU를 장착한 최신형 노트북을 리퍼블리시로 사고 16MB RAM, 1TB NVMe SSD를 증설했습니다. 듀얼 모니터도 QHD로 바꿨습니다.

비대면 시대, 줌으로 수업을 하다 보니 자연스레 장비도 늘어났습니다. 서재에 조명을 4개 설치하고, 노트북에 있는 카메라 외에 전면, 좌우면에 설치한 카메라 3대를 이용합니다. 주변 소음이 차단되는 콘덴서 마이크도 설치했습니다.

가격 대비 성능이 좋은 것을 가성비라고 합니다. 예전에는 무조건 가장 최신 제품을 선택했는데, 나이 들면서 가성비 좋은 제품을 선택하고 있습니다. 가심비라는 말도 있습니다. 가격 대비 심리적인 만족이 높은 제품을 뜻합니다. 리퍼블리시 제품을 선택한 후 가장 성능이 좋은 부품을 추가로 장착하면 실 구입비보다 훨씬 저렴한 가격에 최고 사양의 장비를 갖출 수 있습니다. 심리적인 만족도 더불어 높아지니 가심비 또한 최고입니다.

모차르트 클라리넷 협주곡 622번 2악장

    마흔아홉의 마지막 날, 가족과 함께 새해를 맞으러 정동진에 갔습니다. 파도가 몰아치는 백사장을 배경으로 사진을 한 장 담고, '굿바이 49!'라는 시를 썼습니다.

    논어 위정편에 '오십이지천명(五十而知天命)'이라는 말이 있습니다. 50세가 되면 하늘의 명을 안다는 뜻입니다. 하늘의 명까지는 아니어도, 그동안 마음속에 쟁여놓기만 했던 '악보 보기'에 도전하고 싶었습니다. 클래식 음악을 소개하는 책을 읽으면서 곡을 조금씩 이해하게 되었지만, 악보를 전혀 볼 줄 모르니 문맹과 다르지 않았습니다.

50세를 맞이한 1월 초, 집 앞에 있는 실용음악학원의 문을 두드렸습니다. 특별히 염두에 둔 악기는 없었습니다. 색소폰이 어떠냐는 권유에 좋다고 했습니다. 예상은 했지만, '도레미파솔라시도' 스케일 배우기조차 쉽지 않았습니다. 수업에 들어가면 이전 시간에 배운 게 하나도 기억나지 않았습니다. 타고난 음악성이 없음을 탓했습니다. 그래도 시작했으니 딱 한 곡만 연주하자는 마음으로 포기하지 않았습니다. 우여곡절이 있었지만, 1년 정도 지나자 쉬운 곡을 불 수 있게 되었고 그 사이 색소폰의 매력에 푹 빠졌습니다. 색소폰에 어느 정도 익숙해지자 새로운 악기를 배우고 싶었습니다.

'웨스턴심포니 오케스트라'가 자작곡 '프라하의 여인'을 연주한 것을 계기로, 오케스트라의 명예 단장을 맡았습니다. 지휘자 방성호와 태국 푸켓으로 여행을 갔습니다. 그가 '별은 빛나건만(E Lucevan Le Stella)'을 클라리넷으로 연주했습니다.

'별은 빛나건만'은 푸치니(Puccini)의 오페라 '토스카'에 나오는 곡입니다. 토스카는 프랑스 대혁명 이후 나폴레옹 전쟁 시대의 로마를 배경으로, 1800년 6월 17일에서 다음 날 새벽 사이에 일어난 사건을 담은 사실주의 오페라입니다.

오페라 가수인 여주인공 토스카를 두고, 자유주의자인 젊은 화가 카바라도시(테너)와 전제군주에게 충성하는 경찰청

장 스카르피아(바리톤)가 대립합니다. 토스카는 스카르피아의 계략에 빠져 카바라도시와 다른 귀족 부인과 관계를 의심하고, 카바라도시는 공화국 집정관인 안젤로티를 숨겨주었다는 죄목으로 처형당할 위기에 처합니다. 스카르피아는 카바라도시를 살려주겠다며 토스카에게 잠자리를 요구합니다. 토스카는 이런 극한 심리적 갈등 속에서 아리아 '노래에 살고 사랑에 살고'를 부릅니다. '별은 빛나건만'은 카바라도시가 토스카와의 즐거웠던 날들을 회상하며 부른 곡입니다. 방성호 지휘자가 연주하는 부드러우면서도 섬세한 선율이 가슴 속으로 파고들었습니다. 연주를 들으며, 클라리넷을 배워야겠다고 생각했습니다.

몽골을 거쳐 바이칼 호수로 가는 여정을 준비하다가 취소하는 일이 생겼습니다. 여행 경비를 들고 낙원 상가를 찾았습니다. 기왕 이렇게 된 거, 클라리넷을 사야겠다고 마음먹었습니다. 예상보다 괜찮은 가격으로 목관으로 된 부페 클라리넷 E12F를 샀습니다.

색소폰은 19세기 중반, 벨기에 출신의 악기 제작자이자 클라리넷 연주자인 아돌프 삭스가 발명했습니다. 색소폰의 키는 클라리넷의 키와 많은 부분이 닮았습니다. 클라리넷 연주자는 색소폰을 금방 배운다고 들었습니다. 색소폰을 연주할 줄 아니까 클라리넷을 금방 배울 거라 생각했습니다. 한국예술종합학교 작곡과 배동진 교수가 클라리넷을 전공하는 대학원생을 소개해주었습니다.

더듬거리기는 했지만, 쉬운 곡은 금방 따라 할 수 있었습니다. 새로운 악기를 잘 선택했다며 희열마저 느꼈습니다. 그러나 시간이 흐를수록 클라리넷과 색소폰 운지법이 다름을 알았습니다. 마우스피스를 입에 무는 '앙부쉬어'조차 어려웠습니다. 그렇게 몇 달이 지나서야 몇 개의 곡을 어렴풋이 흉내 낼 수 있었습니다. 그러던 중 자전거 사고가 났습니다. 첫 수술 뒤 철심을 제거하기까지 1년, 그 상태에서 어느 정도 회복하는 데 다시 1년이 걸렸습니다.

'클라리넷' 하면 떠오르는 영화가 있습니다. 시드니 폴락이 감독하고 메릴 스트립과 로버트 레드포드가 주연한 '아웃 오브 아프리카(Out of Africa)'입니다. 영화는 모차르드의 클라리넷 협주곡 A장조 622번 2악장이 흘러나오면서 시작합니다. 이 곡은 모차르트가 사망하기 약 3개월 전, 빈의 궁정악단 클라리넷 연주자였던 안톤 슈타들러를 위해 작곡한 곡으로 알려져 있습니다.

영화 속에서 황금빛으로 물드는 석양을 배경으로 모차르트의 클라리넷 협주곡이 흐릅니다. 하늘과 대지가 맞닿은 곳에 태양이 붉은 점으로 자리 잡고, 우측에 나무 한 그루가 서 있습니다. 화면이 바뀌면서 카렌 블릭센(메릴 스트립)이 침대에서 고개를 돌리자, 멀리 석양을 배경으로 데니스 핀치 해튼(로버트 레드포드)의 모습이 보입니다. 카렌 블릭센의 독백과 함께 클라리넷 협주곡이 화면을 채웁니다. 석양이 물드는 아프리카의 대자연과 멋지게 어우러진 클라리넷의 음색이 '삶은 그러한 거다, 외로워하지 말라.'며 위로하는 듯합니다. 영화의 첫 대사를 옮겨 봅니다.

"그는 수렵 여행 갈 때면 축음기도 가져왔다.

세 자루의 소총……

한 달 치 일용품과 모차르트의 음악 등

우리들의 우정은 선물로 시작되었다.

그 후…….

'차보'로 가기 전 그는 나에게 또 다른…….

놀라운 선물을 주었다.

신의 눈으로 바라본 세계!

그리곤 생각했지!

"이제야 알 것 같아"

"신이 의도한 바를"

다른 사람들은 글을 썼다.

그들은 덜 사랑해서가 아니다.

그들은 더 명확하고 파악하기 쉬웠기 때문이다.

그는 나를 기다리고 있었다.

지금 내 말은 두서가 없는데 그가 알면 질색할 일이다.

데니스는 잘 짜인 이야길 듣길 좋아했지!

그러니까 그때……

난 아프리카에 농장을 갖고 있었는데

'니공 언덕' 산기슭에 있었다.

그러나 이야기는 거슬러 올라가 덴마크에서부터 시작된다.

다시 아파트 단지 안에 있는 클라리넷 학원에 다니고 있습니다. '랑게누스'부터 차근차근 다지면서 평소 연주하고 싶었던 이선회의 '인연', 인예원의 '싱사화', 이문세의 '광화문 언가', '가로수 그늘 아래 서면', 'If I leave', 'Ave Maria' 등 여러 소품곡을 함께 연습합니다. 제대로 연주할 수 있는 곡은 아직 없습니다. 색소폰은 음표를 부드럽게 어루만지듯 자연스럽게 연주할 수 있는데, 클라리넷을 연주할 때는 아직 음표를 쫓아가기 바쁩니다.

어느 날, 클라리넷 선생이 모차르트 클라리넷 협주곡 622

번 2악장을 내밀었습니다. 가슴이 뛰었습니다. 악보를 보면서 '내가 이 곡을 연주할 수 있을까?' 걱정이 앞섰지만, 악보를 받았다는 사실만으로도 기뻤습니다. 엉성하게라도 이 곡을 처음부터 끝까지 연주하려면 최소 1년 이상은 더 연습해야 할지 모릅니다. 5년이 걸려도 괜찮습니다. 목표에 도달하는 것 못지않게 '하고 있다!'라는 지금이 즐겁고 가슴 설렙니다. 멈추지 않으면 언젠가 목적지에 도달하듯, 쉬엄쉬엄 소걸음으로 가다 보면 모차르트 클라리넷 협주곡 622번 2악장을 연주할 수 있겠지요.

책이 힘이다

책은 마음의 양식이라고 합니다. 안중근 의사는 "하루라도 책을 읽지 않으면 입안에 가시가 돋친다(一日不讀書口中生荊棘 일일부독서구중생형극)"라고 했습니다. 사형 집행 직전에도 책을 읽었습니다. 일반인은 감히 상상조차 할 수 없는 생의 마지막 장면입니다. 독서와 관련한 고사성어 중 '독서백편의자현(讀書百遍義自見)'이 있습니다. 책이나 글을 백 번 읽으면 그 뜻이 저절로 이해된다는 뜻입니다. 만 권의 책을 읽고, 만 리 길을 여행하라는 '독서만권행만이로(讀書萬卷行萬里路)'도 있습니다.

고등학교 시절, 국어 선생님이 되고 싶었습니다. 대학에서 전혀 다른 전공을 선택하긴 했지만, 문고판 책을 늘 뒷주머니에 넣고 다니며 버스든 지하철이든 장소를 가리지 않고 읽었습니다. 그러다 30대 때는 바쁘다는 이유로 책을 가까이하지 못했습니다. 노안이 일찍 찾아온 40대에도 마찬가지였습니다. 50대에는 내면으로 많이 침잠했던 시기였습니다. 나이가 드니 가까운 것이 이전보다 더 잘 보여, 책과도 자연스레 다시 친해졌습니다.

가끔 앞으로 몇 권의 책을 읽을 수 있을까 생각해 보곤 합니다. 최대 30여 년 남았다고 여기고 계산해 봅니다. 한 달에 열 권 읽으면 1년에 120권. 30년이면 3,600권을 읽을 수 있습니다. 그러나 한 달에 다섯 권 읽는 게 쉽지 않습니다. 요즘 매달 두 권의 고전을 읽습니다. 1년이면 24권. 읽고 싶어서 사둔 책만 해도 천 권이 훌쩍 넘는데, 이런 속도면 30년을 읽어도 720권밖에 읽지 못합니다.

코로나19와 함께 대학에 입학한 학생들과 줄곧 비대면, 온라인 수업을 했습니다. 사상 유례가 없던 팬데믹 시절이지만, 개강 파티, MT, 축제 등 다양한 대학 생활은커녕, 선생과 친구들을 만나보지도 못한 채 한해를 마치는 신입생들이 안타까웠습니다. 겨울 학기가 끝날 무렵 방학 동안 책을 많이 읽으라고 권했습니다. 몇몇 학생들이 "교수님과 함께 읽으면 좋겠어요. 교수님이 책 읽는 것 지도해주세요."라며 적극적으로 청해왔습니다.

대학 시절이 문득 떠올랐습니다. 이영수 교수님(현, 교수신문 발행인)이 지도하던 '굴렁쇠'라는 독서 모임이 있었습니다. 그 모임에 참여하던 친구들이 부러웠습니다. 40여 년이 흘러 제자들과 독서 모임을 하게 되어 감회가 새로웠습니다. 기왕 시작한 거 제대로 읽자, 모임의 방향을 동서양 고전 읽기로 잡았습니다. 대학생 때 틈나는 대로 책을 읽었던 것이 지금의 나를 만들었다는 생각이 났습니다. 책의 힘이었습니다. 순간적으로 '책이 힘이다'라고 독서 모임 이름을 지었습니다.

2020년 12월 말, 학생들과 독서 토론을 시작했습니다.《젊은 베르테르의 슬픔》,《독일인의 사랑》,《귀여운 여인》,《자기 앞의 생》,《오만과 편견》,《좁은 문》 등을 읽었습니다. 책도 읽어봤던 사람이 잘 읽습니다. 이걸 '책 근육(책 읽는 힘)'이라고 합니다. 그동안 책을 읽지 않다가 매주 고전을 한 권씩 읽으려니 쉽지 않았던지, 이런저런 이유로 학생들이 빠져나갔습니다. 방학을 마치는 2월 말이 되자, 단 두 명만 남았습니다.

'책이 힘이다'에서 쓴 첫 서평을 페이스북에 올렸습니다. 정부 출연 연구기관에 재직할 때 모셨던 신부용 원장님이 독서 모임에 참여하고 싶다고 연락하셨습니다. 학생들도 80세에 가까운 노학자와 함께하는 것을 환영했습니다. 6회《좁은 문》모임 때, 서울사이버대학교 한옥자 석좌 교수(전, 경기도 가족여성연구원장),《사랑이 지금이라고 말한다》를 출간하는 책구름 출판사 안정숙 편집장, 백상아 변호사가 합류했습니다.

'책이 힘이다'는 회비가 없습니다. 책을 읽지 않고 들어와도 괜찮고, 서평을 발표하지 않아도 괜찮습니다. 바쁘면 들어오지 않아도 됩니다. 스스로 포기하지만 않으면 됩니다. 책을 읽고 토론하면서 눈시울을 적시기도 하고, 힘겨운 삶을 잠시나마 벗어나 살아 숨 쉬고 있음에 고마워하는 도반들의 모임입니다. 30대부터 80대까지 전체 인원은 17명, 평균 8~9명이 격주로 줌에서 만납니다. 어쩌다 단 세 명만 참여한 적도 있지만 참여자의 숫자는 중요하지 않습니다.

'책이 힘이다'에는 스타가 많습니다.

백상아 변호사가 셰익스피어의《리어왕》을 읽고 사투리를 섞어가며 맛깔스럽게 쓴 서간문 형식의 서평은 두고두고 회자되는 명문입니다. '서평을 이렇게도 쓸 수 있구나!'라는 생각이 들 정도로, 신선하고 통쾌했습니다.

"리어 양반 보시오.

당신의 이야기는 잘 읽어 보았소. 생각할수록 가엽기가 그지없소이다. 아니 자식들에게 사랑을 맹세로 전 재산을 나누어 주다니……. 순진한 거요 멍청한 거요. 짜증 나서 읽을 수가 있어야지. 안됐소만 자업자득이요.

리어 양반. 그래도 너무 슬퍼하지는 마슈. 당신의 이야기로 인해 많은 사람이 교훈을 얻고 있응게. 나 또한 리어 양반 사연을 듣고 '나이 먹음의 무게'에 대해 깊이 생각해 보게 됐당게. 요새 머리가 크니 '으른 없다.'라는 관념이 생겨버렸다고 해야 하나. 근디 이런 생각이 깊어질수록 그럼 나도 으른이 아닌 게 되는 것이여. 그서 으른까진 아니어도 '최소한 나잇값은 하고 살자.'라는 생각으로 사는디 그것이 보통 일은 아닌 거 같수.

이치치 리어 양반이랑 술 한잔하자고 하려 했는데 리어 양반이 저세상 사람인 걸 깜빡했수. 그곳에서 내가 곱게 늙나 지켜봐 주쇼."

김웅기 교장선생은 한때 신춘문예를 준비했을 정도로 내공이 매우 깊습니다. 해남 땅끝마을에서 북쪽 임진각까지 걷는 여정 중에도, 코로나19로 병원에 입원했던 중에도, 독서 모임에 참여했을 만큼 열정적입니다. 무엇보다 편안한 목소리가 일품입니다. 서평을 읽는 목소리를 듣고 있으면 시공을 넘어 여행하는 듯한 느낌입니다. 우리 근대사의 상처를 어루만지 듯 써 내려간 최인훈의《광장》서평은 심장을 뛰게 했습니다.

"광장! 참으로 매력적인 어휘이다. 시공간을 아울러 확장되기도 하고 응축되기도 하는 살아있는 우주, 광장은 만상을 품은 하나의 카테고리요 완전체이다. 확장하거나 응축시켜도 같은 시공간, 광장은 존재의 블랙홀이다. 그러나 작품의 핵심이라 할 수 있는 광장의 이같은 매력적인 의미망 때문에 독자를 이다지도 괴롭히는 것은 아닌지?

사전적 의미로 밀실은 닫힌 공간, 사적 공간이지만 광장은 열린 공간, 공적 공간이다. 밀실과 광장의 이 같은 일반적 의미는 작품 전반에 걸쳐 저변을 받치는 축이다. 이명준이 정선생에게 던지는 어색한 웅변에는 정치의 광장(거친 곳), 경제의 광장(협박과 허영), 문화의 광장(헛소리)이 언급된다. 여기에는 밀실도 언급되는데, 가족을 가리키는 바, 사적 공동체라는 점에서 밀실이지만, 광장에서 오염된 아버지에 의해 구축된 또 하나의 광장,

가족의 광장으로 상정된다."

　　가톨릭대학교 중국언어문화학과 한혜경 교수의 서평은 정갈하면서도 단단합니다. 노벨 문학상 수상자인 가오싱젠을 초청한 국제학술대회에서 그에 관한 논문을 발표했던 중국 문학 연구자입니다. 33회 모임 때 가오싱젠(고행건)의《버스 정류장》을 추천하고 독서 모임을 진행했습니다. 정통 문학연구자가 문학을 어떤 시선으로 접근하는지를 체험한 멋진 시간이었습니다.

　　　　"본 희곡에서 버스 정류장은 다의적인 의미가 있다. 전
　　　　반부에서는 극 중 인물들이 버스를 타기 위해 모인 변두
　　　　리의 버스 정류장으로서의 의미만 부여되고 있지만, 후
　　　　반부에 이르면 버스 정류장은 어느덧 무한한 삶의 공간
　　　　으로 확장되고 있다는 것을 감지하게 된다. 삶의 공간으
　　　　로서의 버스 정류장은 인생의 여정에 서 있는 사람들이
　　　　반드시 거쳐야 할 장소이기도 하다. 이러한 인식에 도달
　　　　하게 될 때, 작가가 버스 정류장이라고 하는 이미지를 통
　　　　해 말하고자 했던 것이 무엇이었는지 파악하는 것은 그
　　　　리 어렵지 않을 것이다."

'책이 힘이다'의 분위기를 한껏 생동감 있게 끌어올려 주는 분이 있습니다. 한국행정연구원 선임연구위원 류현숙 박사입니다. 필력도 뛰어나지만 특히, 위트 넘치는 솔직 담백한 토론에 다른 회원들마저 마음을 활짝 열고 동참하고는 합니다. 어니스트 헤밍웨이의 《노인과 바다》를 읽고 휴대폰으로 후다닥 써서 단톡방에 올렸던 글은, 일상과 문학의 간극을 메우는 법을 보여줍니다.

"아침마다 물을 잔뜩 먹은 솜이불같이 무거운 몸을 일으켜 출근한다. 매일매일 내가 남긴 일의 자취를 따라 기다리는 작은 상어, 큰 상어. 내가 이미 잡은 청새치를 버리면 좀 더 가볍고 경쾌하게 살 수 있을 텐데… 버리는 것이 말처럼 쉽지 않다는 것을 절실히 느끼는 요즘이다. 내가 어떻게 이 멀리까지 달려왔는데… 이 먼바다까지… 신도 죽을힘을 다해 싸워 온 나를 가상히 여겨 인생의 전리품을 조금쯤은 남겨두겠지… 불 꺼진 누추한 집에서 다 해진 이불을 대충 덮고 끼익 소리를 내는 선풍기로 더위를 달래는 밤. 나를 생각하는 한 사람만 있어도 죽지 않는다는 말을 새기며 건넌방에서 자는 딸아이를 떠올린다. 이번 주 토요일 아침에도 엄마에게 '서대문 커피공방'에서 카페라테를 사다 주겠지?"

안정숙 편집장은 스스로 '책이 힘이다'의 가장 큰 수혜자라고 할 만큼 고전 읽기와 서평 쓰기를 즐깁니다. 독서 모임 이후 솟구치는 감정들을 단톡방에서 나누며 '뒤풀이'를 이어갑니다. 덕분에 토론 때 미처 다 못 했던 저마다의 이야기가 꼬리에 꼬리를 물고 나옵니다. 그의 《노인과 바다》 서평에는 바다에서 홀로 청새치를 낚으려고 분투하는 산티아고 노인의 삶과 어려운 환경 속에서 책을 내는 이의 고독하면서도 열정적인 날들이 함께 담겨 있었습니다.

"내가 기다리는 청새치는 무얼까. 제목만 있던 글에 부제를 넣어 완성했다. '내가 살고 싶은 하루하루를 살아가는 힘.' 낚싯줄을 능에 걸치고 9월과 10월에 힘을 실러 진짜 큰 고기를 많이 낚을 수 있도록, 5월 내내 바다거북의 알을 먹어두고 상어의 간유를 날마다 한잔 씩 마시는 산티아고처럼, 나는 오늘도 걷고 읽고 쓴다. 나의 저자들과 독자들의 연결고리를 준비하고, 기회가 왔을 때 열렬히 빠져든다. 별빛 가득한 밤하늘이 펼쳐진 바다로, 새들이 놀러 오고 바람이 친구인 바다로, 피비린내 나는

죽음과 사투의 현장이자 가끔 바다마저 잠이 드는 그곳
으로 기꺼이 뛰어든다."

책! 생각만 해도 가슴이 뜁니다. 한밤중에도 책을 주문합
니다. 책을 읽으면서 노란색, 초록색, 파란색, 빨간색 줄을 칩
니다. 서평을 쓸 때, 가장 먼저 책 내용을 한 편의 시로 압축합
니다. 마치 나만의 아포리즘처럼. 이후 나는 책을 어떻게 읽었
는지? 책의 행간에 있는 뜻을 제대로 이해했는지? 생각을 정
리하며 서평을 적습니다. 혹시라도 잘못 이해하고 있는 것은
아닌가 싶어, 관련 논문을 찾아 내용을 보완합니다.

책에 있는 한 줄 글에 감동하고, 자기 삶과 닿아 있음에 눈
시울 적시던 '책이 힘이다' 도반들의 얼굴이 떠오릅니다. 가브
리엘 가르시아 마르케스의 《백년의 고독》을 읽고 '우르술라'
라는 별호가 생긴 한옥자 교수, 바쁜 일정 중에도 틈틈이 참석
해 맥락을 잡아채던 조희경 변호사, 순하고 여린 모습 너머 단
단한 자아를 끌어내는 수산나 선생, 바쁜 일과로 제대로 참여
하지 못한다며 마음 고생하는 최지혜 박사, 완주 '아원 고택'
에서 가야금을 켜며 책 읽는 이의 품격을 보여준 박진선 선생,
'책이 힘이다'의 첫 워크숍이자 비비큐 파티 날 멋지게 비올
라를 연주했던 유쾌한 김자영 선생, 모임 때마다 '고택생주'를

한 묶음 들고 나타나는 정종윤 의원, 손자 때문에 화면을 들락거리지만 책 읽기를 게을리하지 않는 김철삼 박사, 그리고 넉넉한 웃음과 포용력으로 모임을 감싸주시는 신부용 원장님.

'나를 살아 숨 쉬게 하는 고전 읽기, 책이 힘이다'는 오늘도, 내일도, 모레도 무소의 뿔처럼 나아갑니다. 50권, 100권, 1,000권의 책을 읽을 때까지.

사랑이 지금이라고 말한다

"요즘 어떻게 지내세요?"

"정년 후 어떤 계획이 있으세요?"

정년을 앞둔 나이이다 보니 종종 질문을 받습니다. 그때마다, "자전거를 타며 지냅니다.", "클라리넷을 배우고 있습니다.", "손주들을 봐주고 지냅니다.", "독서 모임을 하며 지내고있습니다.", "붓글씨를 씁니다.", "여행하며 글을 쓰려고 합니다."라고 답하곤 합니다.

누구도 피해 갈 수 없는 인생살이, 이 세상에 머무는 시간은 정해져 있습니다. 광대무변한 우주의 시각으로 보면 인생사, 한낱 터럭입니다. 그냥 내려놓으면 아무것도 아닌데, 나이가 들어도 크고 작은 일에 휘말려 갈등하며 삽니다. 그게 삶입니다.

얼마 전 (사)한국관광학회 창립 50주년을 맞이하여, 학회장 재임 기간을 돌아보는 자리가 있었습니다. 회고 원고를 쓰면서 내친김에 그동안 어떤 일을 했었는지 지나온 흔적을 정리해봤습니다. 땀 흘리며 밤을 지새우던 때가 한여름 밤의 꿈처럼 지나갔습니다. 그때 함께 했던 이들은 지금 무엇을 하고 있는지. 크고 작은 갈등은 사라지고 아련한 기억만 남아 있습니다.

지금 나는 희미한 점을 만들고 있습니다. 새벽 새가 우는 소리에 눈을 뜹니다. 주어진 일정에 따라 하루를 보내고, 잠을 청하니 하루를 보냅니다. '당근마켓'에서 산 맬린스 코어, 숀리 스쿼트, 인디클라인 벤치 등으로 '홈트'를 합니다. 9만 원에 산 북쉘프 스피커로 음악에 취하고, 태블릿으로 이북을 읽습니다. 클라리넷을 배우고, 손주들을 돌보며, 회의가 있으면 회의에 참석하고, 파랑창고에 잡초가 자라면 깎고, 새로 산 전자색소폰을 불면서 언젠가 또 잊힐 시간을 보냅니다.

동서남북 불어오는 바람이 숱하게 지나갔습니다. 바람이

불면 '바람이 부나 보다!' 하고, 비가 오면 '비가 오나 보다!' 하고, 눈이 내리면 '눈이 내리네!' 하며 살았습니다. 정년 후의 삶을 생각합니다. 수업 없이, 회의 없이, 연금을 받으며 살겠지요.

삶이 무엇인지? 수많은 철학자가 그 답을 찾아 헤맸지만, 여전히 답은 미궁입니다. 삶이 무엇인지? 수많은 삶이 문학으로 그려지지만, 여전히 삶은 진행형입니다. 누구는 행복한 마음으로 지금이라는 시간을 받아들이고, 누구는 자책과 원망을 앞세웁니다.

삶을 바라봅니다. 지금이라는 시간을 바라봅니다. 삶은 사랑입니다. 나는 지금이라는 시간을 사랑합니다. 지금이라는 시간에 온기를 불어넣습니다.

작업실 뜨락에 심은 매화나무, 보리수나무, 소나무가 제법 자리를 잡았습니다. 작년에 사과나무, 대추나무, 감나무, 앵두나무, 자두나무, 호두나무, 배나무를 더 심었습니다. 손주들이 자라 나무에 맺힌 과일을 따 먹는 모습을 떠올립니다. 행복합니다.

그렇습니다. 행복합니다. 이렇게 행복해도 되냐고, 자문합니다. 손주 부자입니다. 손주가 셋이나 됩니다. 첫째 다정이는 감수성과 창의성이 뛰어난 손녀입니다. 네 살배기임에도 동생들을 잘 챙기는 언니이고 누나입니다. 둘째 다경이는 두 돌을 막 지났습니다. 현관문 앞에 누군가 오면 할아버지인 줄 알고, "하~"하며 반가워합니다. 다정이 짝꿍은 할아버지라며 목을 꼭 끌어안을 때면 저절로 녹습니다. 셋째 훈이는 그 옛날 아들을 보는 듯합니다. 며느리가 손자를 봐달라고 하면 신이 납니다. 우유를 먹이고, 기저귀를 갈아주고, 목욕시키는 일이 즐겁습니다. 방 안에 가득한 손주들을 보면 행복합니다. 어느새 나는 행복한 할아버지가 되었습니다. 사랑이 지금이라고 말합니다.

그대는

봄 녘 들판에 불어오는 향기처럼,
고운 시선이 쑥 향기처럼 번지는 사람은 아름답습니다.

지나온 발자국이 오롯하게 보이는 사람,
그 사람의 삶은 세상을 밝히는 등불이기에 더욱 아름답습니다.

혼자 가는 길이 아닌 둘, 셋이 가는 길
그 길의 동행자가 될 수 있는 사람은
배려심이 있어 아름답습니다.

손을 내밀어 마음을 움직이게 하는 사람,
그 사람은 세상을 행복하게 하기에 아름답습니다.

봄꽃이 피어나고 초여름 신록이 누리에 가득할 무렵
마음의 눈을 맑게 하는 푸름처럼 건강한 미소를 품는 사람,
단풍이 붉어지고 앙상한 가지에 찬 바람이 불면
옷깃을 보듬으며 나보다 못 한 사람을 걱정하는 사람,
그런 사람이 있는 세상은 아름답습니다.

길을 가다가 나무 아래서 땀을 식힐 때,
부채와 수건을 챙겨주는 사람,
그런 사람이 있으면 세상이 더 밝아지고 아름다워지겠지요.

그대는 그런 사람입니다.

사랑이 지금이라고 말한다
ⓒ한범수 2022

1판 1쇄 발행 2022년 9월 8일

지은이 한범수
펴낸이 정태준

편 집 곽한나, 김라나
디자인 김주연
마케팅 안세정
편집장 자현

펴낸곳 책구름 (출판등록 제2019-000021호)
팩 스 0303-3440-0429
이메일 bookcloudpub@naver.com
블로그 blog.naver.com/bookcloudpub

ISBN: 979-11-979082-8-6(03810)